항공사 면접 핸드북

Airline Interview Handbook

Preface

  과거 몇 년 간, 전 세계적으로 항공 산업은 COVID-19 팬데믹이라는 전례 없는 위기를 겪었습니다. 팬데믹 상황에서 익숙해져 온 비대면 방식은 항공사들의 인력 채용에도 변화를 가져왔고 그 영향은 현재까지도 계속해서 이어지고 있습니다. 또한 대한항공과 아시아나 항공의 합병과 그에 따른 저비용항공사 통합 등 항공 산업의 구조도 큰 변화를 앞두고 있습니다. 따라서 항공사에 지원하려는 취업 준비생들에게도 이전과는 다른 준비가 필요하게 되었습니다.

  이에 따라 본서는 국내 항공사 면접을 준비하는 지원자들이 이러한 변화에 잘 대비할 수 있도록 돕기 위해 개정판을 출간하게 되었습니다.

  팬데믹 이후 항공사들은 채용 과정에 동영상 비대면 면접, AI 기술을 활용한 직무 및 인성 검사 등 새로운 평가 기준을 도입하고 있습니다. 동영상 비대면 면접의 가장 큰 장점은 면접을 위해 특정 장소나 시간을 맞출 필요가 없기에 지원자는 자신이 편리한 시간과 장소에서 면접을 볼 수 있어, 특히 수도권 외에 거주하는 지원자들에게 편리하며 이로 인해 더 많은 지원자가 다양한 항공사에 지원할 수 있는 기회를 갖게 되는 장점이 있습니다. 잘 준비하고 적극적으로 활용한다면 이는 지원자들에게 자신을 효과적으로 드러낼 수 있는 좋은 기회가 될 것입니다. 그리고 이제는 단순히 외국어 능력이나 고객 서비스 마인드뿐만 아니라, 변화하는 환경에 빠르게 적응하는 능력, 디지털화된 업무 환경에 대한 이해 그리고 스트레스 상황에서의 대처 능력이 중요한 평가 요소로 자리 잡았습니다.

  이 책은 모두 6개의 Part로 나뉘고 각 Part는 다음과 같은 내용을 담고 있습니다.

  Part 1에서는 면접의 의미와 면접이 어떻게 실시되는지 피면접자와 면접자의 관점에서 살펴보고 지원자들이 준비해야 할 사항들을 타임라인으로 제시하였습니다.

Part 2에서는 면접 과정에서 지원자들이 흔히 겪는 실수들을 예방하고 효과적으로 자신을 어필할 수 있는 전략들을 안내합니다. 또한, 면접에서 가장 많이 묻는 질문 유형과 그에 대한 답변 준비 방법을 구체적으로 다루고 있습니다.

Part 3에서는 최근 항공사 별 자기소개서 항목을 통하여 자기소개서 작성하는데 도움이 되는 Tip을 제시하고 있습니다.

Part 4에서는 국내 항공사별 채용 Point를 담고 있으며 Part 5는 코로나 이후 개시된 항공사 면접에서 출제된 주요 질문 및 빈도수 높은 질문을 제시하고 있습니다.

마지막으로 Part 6에서는 국내 주요항공사의 주요 현황을 제공하고 지원자가 파악하여야 할 항공사 기업의 기본 현황을 스스로 조사하여 보도록 준비하였습니다.

아무쪼록 본서가 항공사 객실승무직 및 지상직 채용을 준비하는 모든 지원자에게 유익한 가이드가 되기를 희망하며 더 나아가 그 꿈을 이루는 데 한 걸음 더 가까워지기를 진심으로 바랍니다.

2025년 저자 일동

CONTENTS

PART
01

국내 항공사
면접

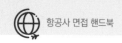

 1. 면접 개요

면접面接이란 한자 뜻에서 알 수 있듯 기업과 지원자가 만나 얼굴을 접하는 행위이다. 기업으로서는 필기시험이나 서류, 실기전형 등에서는 알 수 없는 지원자의 인성, 품행, 창의력, 업무추진력, 사고력 등에 대하여 평가할 기회이며, 지원자에게는 자신의 직무수행능력과 자질들을 최대한 전달하여야 하는 구술시험이다.

오늘날 각 기업은 세계화이자 무한경쟁 시대를 맞아 살아남기 위한 경쟁력 강화에 힘을 기울이고 있다. 이러한 경쟁력을 높이는 데는 유능한 인재가 필요하고, 여기서 인재란 단순히 지식이 풍부한 사람을 일컫는 것이 아닌 지식을 활용하고, 새로운 것을 창조할 줄 아는 창의력과 조직의 구성원과 융화할 수 있는 원만한 대인관계를 가진 사람이다. 이러한 자격과 자질은 필기시험이나 자격증, 학교성적 등에만 의해 평가될 수 없는 부분이다. 그래서 지원자를 직접 만나 평가하는 면접Interview이 중요시되고 있다.

최근의 기업들은 과거의 단순한 면접 형식에 만족하지 않고 새로운 면접기법을 개발하여 면접의 방식뿐 아니라 질문의 내용도 사고력과 창의력을 요구하는 경향을 높이고 있다. 지원자들은 따라서, 이와 같은 변화를 인지하고 각 기업이 요구하는 인재상이 무엇인지를 연구하여 기업이 원하는 인재가 될 수 있는 노력과 함께 입사하고자 하는 기업의 면접 특징을 공부하여 준비하여야 하겠다.

항공사 객실승무원의 경우 높은 고도, 지상보다 부족한 산소량, 기압 차, 기내 건조 등의 지상과는 다른 환경적 특성으로 인해 강한 체력과 정신력이 요구된다. 이러한 이유로 항공사에서는 체력검사와 신체검사를 매우 엄격히 하고 있다. 또한 면접에서는 무엇보다도 지원자의 서비스 마인드와 성실성을 알아보기 위한 질문이 많으며 기내서비스도 팀 원 간의 team work가 중요하므로 원만한 대인관계와 다양한 승객의 요구 및 예측하지 못한 상황에 대응할 수 있는 상황대처 능력을 확인하려는 질문 역시 많이 나온다. 그러므로 객실승무 직무에 지원하려면 이와 같은 특성을 이해하고 그에 따른 자질을 갖추고자 노력하는 것이 면접 준비의 기본이 된다.

면접의 유형은 면접 판단기준에 따라 인성 면접과 역량면접, 전문성 면접으로 구분할 수 있다. 그리고 면접 질문유형에 따라 전공면접, 직무면접, 압박 면접, 창의력면접,

Role Play로 분류한다. 면접 진행방식에 따라서는 개별면접, 그룹면접, 그룹 토의 면접, 그리고 최근에 많은 기업들이 채택하고 있는 비대면 면접 등으로 나눌 수 있다. 국내항공사의 면접 진행방식은 대부분 그룹면접 및 개별면접이다.

 2. 면접 유형

1 개별면접

면접위원과 지원자가 1대 1로 질의 응답하는 단독형과 3~4명의 면접위원과 지원자 1명씩을 평가하는 복수형이 있다. 단독면접은 지원자의 자질에 대해 세밀히 파악하는 데 효과적이다. 그러나 면접 시간이 길고 면접위원이 객관성을 잃을 우려가 있으며 지원자는 연속적인 질문에 의해 많은 긴장과 스트레스를 받을 수 있다는 어려움이 있다. 이에 대비하기 위해서는 평소에 1대 1일로 논리정연하게 대화하는 연습이 필요하다. 면접관은 입사 지원서나 이력서, 성적증명서, 자기소개서 등 지원자가 제출한 서류를 가지고 진행하는 경우가 일반적이며 질문은 극히 일상적인 내용에서부터 전공과 사회관에 이르기까지 다양하게 주어지게 된다.

> 📝 **대비 포인트**
>
> - 논리적으로 조리 있게 말하도록 한다.
> - 자신의 지원서나 자기소개서의 내용을 잘 기억하여 이에 관련된 질문이 나왔을 때 서류의 내용과 일치하지 않거나 앞뒤가 맞지 않은 이야기를 하지 않도록 주의한다.
> - 질문을 들을 때 시선을 면접관으로부터 딴 데로 돌리지 않고 대답할 때에도 고개를 숙이거나 입속에서 우물거리는 소극적인 태도는 피한다.

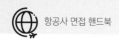

2 그룹면접

3~4명의 면접위원이 5명 이상의 지원자들을 한꺼번에 평가하는 면접방식이다. 지원자 전체에게 한 가지 질문하는 공통질문과 개개인에게 다르게 묻는 개별질문이 혼합되어 진행된다.

지원자가 여러 명이기 때문에 지원자의 행동과 반응을 비교, 관찰하기 쉬운 면접 유형으로 지원자로서는 여러 명이 함께 면접을 받기 때문에 개인 면접에 비교해 압박감은 덜 할 수 있으나 다른 지원자와 비교가 된다는 점에서 부담스러운 유형이라 하겠다.

대비 포인트

- 너무 자기과시를 하지 않는 것이 좋다. 대답은 간단명료하게 자신이 말하고 싶은 내용을 요령 있게 담아내야 한다.
- 지나치게 특정 면접관에게만 신경 쓰지 않는다. 이런 경우 다른 면접관의 다양한 질문에 즉각적으로 대응하지 못하게 된다. 질문한 면접위원에게만 응답하는 태도보다는 면접위원 전원에게 대답하는 기분으로 임한다.
- 자신의 의견을 명확히 발표하여 집단 속에 묻히거나 밀려나지 않도록 해야 하나 다른 지원자에게 주어진 질문에 자신이 나서 답변하기 원하거나 하는 튀는 행동은 삼가야 한다.
- 그룹면접에서는 개별면접에서 볼 수 없는 협동성이 중요시된다. 긴 답변으로 시간을 차지하거나 동문서답 혹은 대답을 질질 끄는 태도는 좋지 않다.
- 경청하는 태도 또한 중요함을 잊어서는 안 된다. 자신은 답변을 마쳤다고 해서 시선의 산만한 움직임이나 자세의 흐트러짐이 있으면 곤란하다. 이것은 다른 사람의 이야기를 듣지 않는 독단적인 행동이므로 실례가 될 뿐더러 이를 지켜보는 면접관 입장에서는 이러한 지원자는 예의가 없고 조심성 없는 사람으로 보일 수 있다.
- 같은 질문에 대해 차례대로 응답할 것을 요구받았을 때 자기 생각이 앞서 응답한 지원자와 의견이 같으면 당황할 수 있다. 같은 의견이라도 사례를 다르게 들거나 근거나 이유를 보강하는 방향으로 답변한다. 이를 위해서는 독서를 통한 어휘력과 표현력을 키우는 것이 좋다.

3 그룹 토의_{토론} 면접

그룹토의 면접은 일정한 주제나 과제가 제시되고 여기에 대한 지원자들의 토의 진행 과정을 보고 평가하는 방식이다. 보통 6~10명을 한 개 조로 구성하여 짧게는 10분 길게는 한 시간까지 주어지며 면접위원은 토론의 내용과 진행에 대해서는 전혀 간섭하지 않고 관찰만 하게 된다. 토의 주제는 회사에서 제시하거나 구성원끼리 공통된 의견으로 결정되기도 한다.

이를 통하여 그룹에서의 의사소통 및 조정 능력, 리더십, 다른 구성원과의 융화를 관찰하여 지원자가 입사 후 조직 생활에 잘 적응하고 맡은 직무를 잘 수행할 자질이 있는지를 평가하려는데 목적이 있다.

집단토의는 각 구성원의 지식, 경험, 의견을 나누고 문제 해결을 위해 모든 구성원이 서로 협력해 생각하는 팀워크_{team work}가 중요시되기에 혼자만 눈에 띠려고 지나치게 말을 많이 하거나 흥분하기보다는 차분한 태도로 논리정연하게 자신의 의견을 발표하는 것이 좋다.

🖊 대비 포인트

- 토론에는 정답을 정해놓지 않는다. 그렇다고 자신의 주장만을 강조해서는 안 된다.
- 상대방의 이론을 반박하지 않으며 남이 말할 때 끼어들지 않는다.
- 자신의 의견 발표 뒤에는 남의 의견을 경청하는 태도 또한 중요하다.
- 토의가 시작되면 순간적으로 침묵이 흐르는 경직된 분위기가 대부분이다. 이런 순간에 먼저 의견을 제시하여 분위기를 이끌어가는 요령도 필요하다.

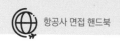

진에어 토론 면접

진에어의 1차 면접은 토론 면접으로, 서울과 부산에서 실시된다.

대기실에서 사전에 토론 주제에 대한 찬성과 반대 입장이 적힌 질문지를 받게 되고 자료 검색 및 의견 제시 준비 시간이 주어진다.

토론은 면접관의 진행으로 실시되며 주제에 관한 찬반 혹은 긍정이나 부정인 이유에 대하여 자신의 의견을 제시한다. 토론 시간은 15~20분 정도 소요되며 토론이 끝난 후 상황에 따라서는 조별 공통 질문이나 개별 질문을 받을 수도 있다.

토론 예시

• 주제: AI가 사회에 미치는 영향(긍정/부정)

긍정 입장

"저는 AI는 사회의 발전과 인간 삶의 질 향상에 크게 기여한다고 생각합니다.

AI는 복잡한 업무를 자동화하여 효율성을 극대화하기 때문입니다. 예를 들어, 의료 분야에서는 진단 속도를 높이고 제조업에서는 생산 라인을 최적화하여 시간과 비용을 절감할 수 있습니다."

부정 입장

"저는 AI의 급격한 발전은 사회적, 윤리적 문제를 초래할 수 있다는 생각이기에 부정적으로 바라봅니다.

AI가 잘못된 판단을 내렸을 때 책임이 누구에게 있는지 명확하지 않습니다. 이는 법적, 윤리적 문제로 이어질 수 있습니다."

4 비대면 면접

비대면 면접은 구직자와 기업 모두에게 구직과 채용 과정의 시간과 비용을 줄여주고 기회를 넓혀주는 장점이 있다. IT 기술 발전과 코로나19 팬데믹에 의한 비대면 언택트 문화의 확산으로 최근 기업 면접에서도 비대면 채용이 하나의 트렌드로 자리잡아가고 있다.

비대면 면접은 온라인에서 실시간으로 이루어지는 화상면접과 AI 기술을 활용한 AI 면접, 그리고 기업에서 제시한 주제를 가지고 지원자가 직접 제작한 영상 심사를 통한 동영상 면접으로 나눌 수 있다. 비대면 면접은 면접관을 직접 마주하지 않아 대면 면접

보다 스트레스를 덜 받을 수 있지만 카메라에 익숙하지 않은 사람들은 오히려 긴장이 더 될 수도 있다.

온라인 화상면접은 개인용 컴퓨터나 노트북, 태블릿, 스마트 폰으로 스카이프 행아 웃 등의 화상 어플을 이용하여 진행하는 면접이다. 인터넷을 통한 비대면 이라는 점을 빼면 통상적 면접과 다를 바가 없고, 주로 한 명의 지원자와 여러 명의 면접관이 참여 하는 일대다 형식을 띤다. 화상면접은 비대면 면접 방식 중 비교적 다수의 기업에서 활 용되고 있다.

AI를 이용한 채용은 아직은 자기소개서와 같은 서류 심사에 주로 활용되고 있지만 면접에도 적용하는 기업들이 늘고 있는 추세다. AI 면접은 기존의 면접이나 인·적성 검 사보다 기업과 구직자 간의 미스매치Miss-Match를 두 배 이상 줄일 수 있다는 연구결과 도 있어 채용도구로서의 역할이 점차 확대될 것으로 보인다.

동영상 면접은 지원자는 대면 발표 부담을 덜면서 실수를 줄일 수 있는 이점이 있지 만 기업으로서는 지원자와의 상호 직접소통 없이 지원자의 일방적 프리젠테이션만을 근거로 판단해야하는 한계가 있다. 그래서인지 동영상 면접은 대체로 1차 면접에서만 사용하고 대면 면접을 통해 최종 합격자를 선발한다.

✎ 대비 포인트

- 인터넷 연결 상태와 카메라, 이어폰, 마이크 등 각종 장비의 정상 작동 여부를 확인한다.
- 사용하는 컴퓨터의 각종 알림은 끊거나 무음으로 처리한다.(이메일, 카톡 등)
- 발생 가능한 소음을 차단한다.(함께 사는 사람, 애완견, 외부 소음, 전화 및 전자기기 등)
- 조명은 얼굴이 너무 밝게 나오거나 얼굴에 그림자가 지지 않도록 조절한다.
- 카메라가 비추는 배경은 깔끔하게 정리한다.(책꽂이나 화분으로 비치하는 것도 좋다.)
- 옷차림은 대면면접이라 여기고 갖춰 입는다.
- 카메라는 심사하는 이와 Eye Contact이 이루어지도록 모니터 가운데 위에 설치하고, 얼굴이 너무 크 거나 작게 나오지 않도록 거리(50~70cm)를 둔다.
- 화상면접, 동영상 촬영, AI 면접 모두 면접관과 대면한다고 여기고 시선처리, 제스처, 자세 등을 자연스 럽게 유지한다.
- 대본을 보고 읽는 느낌을 주면 곤란하다. 대본이 필요하면 키워드만 정리하여 카메라 뒤편에 두고, 내 용은 확실하게 외운다. 시선은 카메라 렌즈에서 떼지 않도록 주의한다.

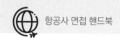

- 스피치 중간에 '음~' '아~'와 같은 불필요한 말이나 과장된 손짓이나 동작을 하지 않도록 충분히 연습한다.
- 동영상을 만들 때는 표현 내용을 함축적인 문장으로 자막으로도 삽입하고, 자막 글씨는 적당한 크기로 가독성을 높인다.
- 동영상을 전문 제작업체에 의뢰하지 말고 본인이 직접 촬영하고 편집한다.
- 주어진 답변 시간(제작 시간)을 반드시 지킨다.
- 동영상을 만들 때 너무 많은 내용을 보여주려고 하지 말고 주제의 핵심에 집중하여 표현하고, 의견이나 주장은 그 이유를 덧붙이도록 한다.

3. 면접의 구성

1 채용면접

채용면접은 면접관과 구직자가 대화하는 과정의 언어적·비언어적 상호작용행위이다.[1, 2] 면접관은 기업고용주을 대신하여 구직자가 일을 하는 데 필요한 자질들을 가졌는지 찾으려하고 채용도구를 활용하며 구직자는 면접관에게 그러한 자질들을 보여주려는 상호탐색과정이라 하겠다.

채용도구란 직원을 채용하고 선발하는 데 사용되는 모든 과정과 절차를 말한다. 모집공고에서부터 지원서, 지원동기서, 자기소개서 작성과 제출, 서류심사, 필기시험과 적성검사, 면접Interview, 최종합격자 발표의 모든 단계가 채용도구들이다.

채용도구로서 면접은 인터뷰질의응답, 프레젠테이션, 토론을 포함한다. 인터뷰는 가장 오래된 채용도구로 면접관의 질문하는 방법이 얼마나 구조화되어 있느냐로 구조화, 비구조화, 반구조화 질문 등으로 분류된다. 구조화 질문이란 직무분석을 기초로 만든 질문항목들을 면접관이 일정한 체계와 기준에 따라 질문을 일련의 방향으로 이어가는 질문기법이다.

기업은 면접관이 자의적이고 즉흥적으로 평가하는 것을 방지하고 직무성과와 연계될 수 있는 피면접자의 행동특성을 비교적 잘 파악할 수 있어 구조화 질문방식을 면접에 많이 도입하여 운용한다. 그러나 실제 면접에서는 비구조화 질문이 혼용되고 있으며 특히 임원급 면접에서는 질문의 구조화 정도가 상대적으로 약하다고 볼 수 있다.

항공사를 포함하여 기업들은 채용도구 중 면접 비중을 늘리고 있다.

채용인원의 10배수 가량을 서류심사로 걸러낸 후 영어 인터뷰와 2~3회의 면접을 거쳐 최종 합격자를 선발한다. 면접은 해당부서의 실무관리자들이 면접관으로 참여하는 실무면접1차, 부서 별로 임원급이 면접관을 맡는 임원면접2차, 그리고 최종면접으로 진행된다.

1차 실무면접에서는 2~4명의 면접관 앞에서 발표, 집단토론, 인터뷰질의응답를 하고, 2,3차 면접에서는 인터뷰질의응답만 하게 된다.

영어인터뷰에서는 주로 원어민 또는 그에 준하는 면접관이 영어 Speaking, Listening Test만을 가지고 지원자의 영어실력 위주로 평가한다. 질문은 지원자의 지식이나 직무역량보다 영어를 이해하고 말하는 수준을 보기위한 목적임으로 정확한 답을 모르더라도 주어진 답변 시간을 최대한 쓰며 영어로 다양한 표현을 하도록 한다.

2 면접관

면접관은 질문을 무기로 피면접자들의 행위를 지휘하고 통제하는 권력자처럼 보인다. 그래서 면접관과 구직자를 갑을 관계로 표현하기도 한다. 피면접자 입장에서는 당연히 그렇게 보일 것이다. 면접관의 클릭 한 번에 당락이 결정되고 면접관의 날카로운 눈길에 몸 둘 바를 모르는 상황이 생기기 때문이다. 면접관의 임무는 조직생활에 어울리고 회사에 도움이 될 수 있는 피면접자들을 선발하는 것이다. 그러기 위해서는 면접

1. Zima(1991)은 "면접이란 두 사람이 말하거나 듣는 의사소통 거래로서, 그 중 한 사람은 명확한 목적을 가지고 있다."고 정의한다. '면접양식과 면접자/피면접자 행동유형이 면접결과에 미치는 영향에 관한 연구' 박상진 외. 재인용.
2. 面接(면접)은 눈(얼굴)을 맞대어 보는 것이고, 영어도 'inter(사이를 두고) view(보는 것)'이다.

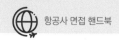

관은 면접양식을 충분히 이해하고 면접기법에 대한 교육 훈련을 제대로 받아야한다. 피면접자에게 인격적 모멸감을 느끼게 하는 면접관은 자신의 인격에 문제가 있거나 교육과 훈련이 부족한 상태라 하겠다.

그러나 대부분의 면접관들은 회사에서 중요한 역할을 맡고 있는 유능하고 충성스런 관리자들 중에서 선발된다. 면접관으로 선발되면 함께 일할 신입 직원을 찾기 위해 현업의 긴박한 실무들을 책상 한 구석에 쌓아두고 진지한 마음으로 면접관의 자리에 앉는다. 면접하는 동안은 장래 생사고락을 함께 할 동료이자 후계자들을 찾는 데 온전히 몰입하는 것이다. 면접관들은 무뚝뚝하고 예의를 모르는 사람을 서비스 현장에 배치하여 회사가 수십 년간 쌓아올린 이미지를 순간에 무너지게 하거나 인성이 좋지 않은 사람을 채용하여 불미스런 사고가 일어나는 것을 바라지 않는다. 그렇기 때문에 때때로 매서운 눈길로 살피고, 강도 높은 질문으로 압박하고, 피면접자들의 대답에 표정 없이 반응하게 되는 것이다.

하지만 대부분의 면접관들은 라포르Rapport[3]을 형성하여 날카로울 수 있는 질문을 부드럽고 편안하게 말한다. 면접관이 '아침은 먹고 왔나요?", " 아침 일찍 온다고 고생하셨죠?" 등의 질문은 라포르한 분위기를 만드는 시도이다. 이러한 질문에는 편안한 마음으로 유쾌하게 답변하는 것이 좋다

3 면접 진행순서

❶ 면접관의 입장에서 면접은 다음과 같이 진행된다.

(1) 사전 준비

면접관들은 면접 당일 아침에 인사부의 채용담당자로부터 면접평가시스템 사용 방식, 질문 유형, 당일 피면접자들의 수와 결시생 여부, 지연응시와 같은 특이사항 브리핑

을 받는다. 브리핑을 받은 다음 면접관들 간에 세부 진행 절차와 질문 항목, 질문자 순서, 평가 방법을 조율하고 그날 전체 피면접자 리스트를 검토한다. 면접장실의 구조와 인테리어도 점검한다. 유선전화, 소음 발생 내지는 침투 여부, 면접관들의 휴대폰, 거울이나 반사물품 등 면접진행에 장애가 되는 시설물이나 요소들은 다시 확인하고 제거하거나 차단하는 작업을 한다.

(2) 준비

면접관들이 해당 조 지원서를 리뷰하면서 질문내용을 정리하는 단계다. 각 시간대별로 배정된 조들을 면접하기 전에 진행직원으로부터 해당 조 출결상태를 보고 받으면 진행 사인을 준다. 이 때 진행직원으로부터 대기시간에 관찰된 특이한 사람, 소위 튀는 사람들 코멘트를 전달 받는다. 대기실에서 휴대폰을 보거나 책을 읽거나 주위사람과 이야기하는 것은 문제가 되지 않는다. 오히려 가볍게 인사를 먼저 건네고 대화를 하는 것이 좋다. 엎드려 있거나 지나치게 질문을 많이 하거나 큰소리로 떠들거나 이어폰 밖으로 소리가 들릴 정도로 음악을 크게 듣는 등 타인을 배려하지 않는 행동은 면접관에게 전달되는 경우가 있으니 주의하도록 한다.

(3) 인사

피면접자들이 들어와서 전체 인사를 하면 면접관은 정중하게 목례로 답하고 자리에 앉도록 권한다. 면접관 중 한명이 피면접자들에게 반갑다는 인사말을 전하고 면접 구조와 진행절차, 예상 소요시간을 간략하게 안내한다. 공정한 평가를 위해 노트나 노트북에 기록한다고 알려준다. 피면접자를 호명할 때 이름을 정확하게 부르고, 피면접자를 존중하는 말투와 행동을 한다. 아울러 동석한 면접관들을 소개하면서 라포르를 조성한다.

얼핏 쉬운 것 같지만 시간이 충분히 주어지고 훈련된 면접관들만이 수행할 수 있는 매뉴얼이다. 그렇지만 대개의 면접은 시간이 부족하여 위와 똑같이 진행되지 않을 수 있음에 유의한다.

3. Rapport. 환자와 의사간의 심리적 신뢰관계를 뜻하는 심리치료 용어인데 인간관계의 믿음과 친한 정도를 나타내는 환경을 의미한다. 효율적인 면접을 위해서 라포르 형성이 중요하다.

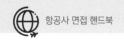

(4) 면접

면접은 항공사 별로 순서와 구성에 차이가 있지만 기본적으로 발표, 인터뷰질의응답, 토론 세 가지의 도구를 사용한다.

항공사 면접에서 발표는 구두로만 진행하는 것이 보통이다. 질의응답은 여러 명의 면접관과 역시 여러 명의 피면접자를 한 장소에서 동시에 상대하는 다多대다 형식이다. 토론은 6명 내외로 구성하여 찬반으로 나뉘는 주제를 놓고 두 팀으로 갈라서 집단토론Group Discussion을 한다. 찬반 토론 대신 주제 내에서 대안을 선택하는 자유 토론을 할 수도 있다.

(5) 마무리

면접을 끝내기 전에 피면접자들에게 추가질문이나 끝으로 하고 싶은 말이 있는지 확인하고 있으면 성의 있게 듣고 답변한다. 면접 종료시점에 추가 질문이나 마지막으

로 하고 싶은 말을 묻는 이유는 피면접자의 적극성을 확인하는 의도 밖에 없다. 가급적 면접관에게 질문은 하지 말고 간단히 한 두 문장으로 입사 의지와 적극성을 표현하는 것이 좋다. 물론, 인터뷰 시 미처 답하지 못했던 말이 있으면 이 때를 활용한다.

면접관이 추가질문을 받지 않고 '이상으로 면접을 마치겠습니다.' 하며 빠르게 끝내더라도 아쉬워하거나 불안해 할 필요가 없다. 마지막 순간까지 환한 웃음으로 정중히 인사를 하고 마무리 하면 된다.

(6) 평가 종합

면접관들 간의 뒷이야기 시간이다. 면접관들 간에 방금 면접을 마친 피면접자들 평가 정보를 교환한다. 평가서를 개별적으로 작성하고 제출하지만 정확하지 않은 부분을 재확인하고 피면접자의 답변 중에 놓친 부분을 파악한다. 마지막으로 평가기록을 정리하여 최종 점수를 입력하고 면접을 종료한다.

❷ 지원자의 입장에서는 면접을 마치고 후회하지 않을 결과를 얻느냐는 면접을 대비하여 얼마나 준비했느냐에 달려 있을 것이다. 지원자의 면접을 위한 사전 준비를 면접 한 달 전, 일주일 전, 하루 전 단계별로 알아보자.

(1) 면접 한 달 전 - communication skill로 경쟁력을 갖추자!

서류전형을 시작으로 최종 합격 발표까지는 짧게는 한 달, 길게는 세 달의 시간이 걸린다. 정성스럽게 작성한 지원서를 제출하고 난 뒤에는 계속 이어질 실무와 임원_{사장단} 면접에 대비하여야 한다. 우선 면접에서 면접관의 질문에 편안하고 자연스럽게 답변을 위해서는 평소 communication skill을 늘리는 데 노력해야 한다. 신문의 사설이나 토론 프로그램을 자주 시청하여 사고의 논리력을 키우고 면접 분위기에 익숙해지기 위해서는 같은 목적을 가진 사람들과 그룹을 이뤄 모의 면접 진행으로 연습을 하는 것도 효과적이다.

국내 항공사의 최종 면접 날에는 영어 인터뷰가 함께 실시된다. 영어 인터뷰 역시 원어민과 대화를 해야 하므로 회화에 자신이 없는 사람이라면 좀 더 회화 실력을 늘리기 위한 집중 노력을 해야 한다. 이 시점에서는 무엇보다 그동안 항공사 영어 인터뷰에 나온 영어 기출 문제 질문을 위주로 자신의 답변을 준비하여 연습해 보는 것이 효과적이다.

수영 테스트를 실시하는 항공사에 지원하는 경우, 수영 연습도 준비해야 할 사항이다. 중간에서 멈출 수 없는 25m 완주의 엄격한 심사이므로 체력검사 며칠 전 연습하는 안일함으로는 통과하기 어렵다. 평소 체력단련을 위해서라도 꾸준히 연습하여 불합격되는 낭패를 보는 일이 없어야 하겠다.

자신의 체력을 객관적으로 보여줄 수 있는 지표로 국민체육진흥공단에서 시행하고 있는 '국민체력100 인증'에서 높은 급수를 받아 두는 것을 추천한다. '국민체력100'이란 국민의 체력 상태를 과학적으로 측정하고 평가하여 체력수준에 따라 국가공인인증서를 발급해주는 제도이다. 19세 이상의 성인의 체력을 근력, 심폐지구력, 유연성 등을 측정하는 건강 체력과 민첩성과 순발력을 측정하는 운동체력 항목으로 구분하여 일

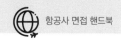

정 수순을 기준으로 3등급부터 1등급까지 평가한 후 인증서를 발급한다. 실제 대한항공을 비롯한 모든 국내항공사에서는 과거의 체력검사 전형 대신 국민체력100 인증서 제출로 체력검사를 대체하고 있다. 급수는 제한이 없다.

※ 국민체력100 사이트 : https://nfa.kspo.or.kr/front/main/main.do

이 밖에 여유를 두고 항공사 객실승무원을 준비하는 경우에는 대학전공 관련, 취미나 특기 관련, 혹은 서비스나 제2 외국어 어학 자격증을 취득해 놓는 것도 도움이 된다. 자격증 소지 여부에 의해 합격의 당락이 결정되거나 가산점을 받게 되는 것은 아니지만 자신에게 자신감을 부여하는 원동력이 되어주기 때문이다. 그리고 면접에서도 자신의 관심 부분에 대한 열의와 적극성으로 좋게 평가받을 수 있는 사항이다.

(2) 면접 일주일 전 -자신을 위해 투자하라!

뛰어난 자격과 자질을 갖추었다고 해도 자신의 이미지를 돋보이는 데 소홀하다면 면접관의 시선을 사로잡을 수 없다. 평소 이미지 관리를 위해서는 올바른 자세 습관을 갖는 것이 필요하고 면접 일주일 전에는 피부를 관리할 것을 추천한다. 깨끗한 피부는 여성에게는 물론 남성에게도 중요한 요소이다. 우리는 주변에서 이목구비가 뚜렷하지 않더라도 깨끗한 피부로 인해 그 사람의 인상이 맑고 예뻐 보이는 것을 보았을 것이다. 자신의 피부 유형에 따라 건강하고 깨끗한 안색을 보일 수 있도록 관리를 하도록 한다.

두 번째로 '옷이 날개다'라는 말이 있듯 고쳐질 수 없는 자신의 체형 보안이나 자신을 돋보이게 해주는 것이 복장이다. 그러나 면접을 바로 앞두고 자신에게 어울리는 면접 복장을 구매하려 하면 급한 마음에 어울리지 않는 옷을 선택하게 될 수도 있으므로 일주일 전부터는 어떠한 스타일의 옷이 자신을 돋보이게 하는지와 치수를 줄이거나 늘려야 하는 수선 과정도 충분히 고려하여 선택 할 수 있는 시간적 여유를 갖고 갖추는 것이 좋다. 특히 헤어, 메이크업, 의상 등 어느 한 가지에 만족스럽지 못한 부분이 있을 때도 면접에 집중하지 못하여 낭패를 보는 때도 있으므로 사소한 것으로 여겨 소홀히 할 것이 아니라 시간적 여유를 두고 준비를 해야 하겠다.

면접 복장 구입 비용이 부담스럽다면 지역별 운영하는 '면접복장대여점'을 이용하는 것도 방법이다.

그리고 지원자들이 어려워하는 답변 중 하나가 시사·경제 관련에 대한 질문이다.

평소 사회 전반적인 일에 관심이 있던 사람은 어려움이 없겠으나 신문이나 뉴스를 가까이하지 않는다면 면접 일주일 전부터는 매일 신문이나 뉴스를 통해 국내외 사회 전반적인 이슈에 관심을 가질 필요가 있다.

사회 관련 시사 문제는 어떤 지원자보다도 면접관은 더 잘 알고 있다. 그런데도 굳이 지원자들에게 이런 질문을 하는 이유는 단순히 어떠한 뉴스에 대한 리포트 능력을 보기 위함이 아니라 그 사건이나 쟁점issue 대한 개인적인 의견을 알고 싶은 것이다. 따라서 "최근 신문이나 뉴스 보셨습니까?"라는 물음에 "네"라는 단답형이기보다는 신문기사 중 가장 기억에 남는 기사에 대한 간단한 설명과 그에 따른 자기 생각을 정리하여 덧붙이는 것이 좋다. 간혹 지원자의 전공과 관련된 시사 질문이 주어질 때도 있으므로 특별히 자신의 전공과 관련된 기사 및 뉴스에 대해서는 단순히 읽기만 하는 것보다는 자기 생각이나 의견도 정리해보는 습관이 도움 될 것이다.

경제나 경영학 전공자라면 신문을 읽을 때 경제 관련이나 국제 정세에 관해 부분, 새로운 신조어를 중심으로 더 관심 있게 봐 둘 필요가 있다. 사회면은 평소의 자기 생각으로 어느 정도 답변을 꾸려갈 수 있으나 경제에 관한 것은 상식이 없다면 답하기 곤란한 경우가 많기 때문이다.

Q 우리나라 저출산 현상에 대하여 어떻게 생각합니까?

A 저출산의 큰 원인으로는 현대인의 결혼관 변화와 자녀 양육, 교육비의 부담이라는 보건복지부의 조사결과를 본 적이 있습니다. 우선 개인적으로 결혼은 좋으나 자녀는 원하지 않는 미혼자들이 늘고 있다는 것에 우려가 됩니다. 저출산은 경제활동인구가 준다는 것을 의미하며 이것은 곧 우리나라 경제에도 영향을 미치기 때문입니다. 이를 위해서는 정부의 더욱 전문화된 보육시설이나 워킹 맘을 위한 사내 시설 등의 증대를 통해 출산장려를 해야 한다고 생각합니다.

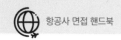

시사 및 전공 관련 질문

- 오늘 아침 조간신문에 난 기사 중 기억에 남는 것이 있다면 무엇인가요?
- 최근 사회 이슈에 대해 말해 보시오.
- 경기불황과 청년실업 등 어려움이 많은 요즘 해결방법은 무엇이라 생각합니까?
- 앞으로 우리 경제는 성장과 분배 중 어디에 초점을 맞춰 나가야 한다고 생각합니까? (경제학과)
- 일반 관광서비스와 항공서비스의 차이점은 무엇인 것 같습니까? (관광경영학)
- 가장 심각한 환경오염은 무엇이라고 봅니까? (지구환경과)
- 우리 항공사의 기내식 중 비빔밥의 영양성분을 분석해 보시오. (식품영양과)
- 일본 드라마와 한국 드라마의 차이는 무엇인 것 같습니까? (일본어과)

(3) 면접 하루 전

면접 장소의 위치와 소요시간, 어느 교통편을 이용하는 것이 편리한지를 면접 전날 면접장의 위치를 확인해 보는 사전답사도 필요하다. 이왕이면 자신의 면접시간대를 이용하여 실제 가 보는 것이 안전하다. 면접에서 지각은 절대 있어서는 안 될 실수이다.

항공사별로 면접 전 제출해야 하는 서류들이 있다. 전날 빠짐없이 챙겨 놓도록 한다. 면접날로 미루다 보면 반드시 잊게 되므로 미리미리 점검하여 준비한다.

여성의 경우에는 여벌의 스타킹과 만일에 대비하여 옷핀도 챙기는 것이 좋다. 남성의 경우에는 땀이 흐르면 필요하므로 손수건을 준비해 간다. 그리고 면접 날에는 자기소개나 지원동기 등 준비한 말을 연습하느라 계속 입을 움직이므로 목이 마르게 된다. 성대가 건조하면 목소리가 갈라지거나 쉰 소리가 나와 순간 당황하게 되므로 작은 생수 한 통씩 준비하여 마시며 성대를 보호해줄 필요가 있다.

전날에는 면접복장을 점검한다. 남성이라면 셔츠와 양복, 여성은 블라우스 등을 다림질하여 준비한다. 구두도 깨끗하게 닦아 놓는다. 그리고 양복에 어울리는 넥타이도 미리 맞추어 골라 놓는다면 면접 일에 이것저것 맞춰 보는 시간 낭비를 줄일 수 있다. 여성의 경우 미세망 스타일이라면 여분의 미세망, 실핀, 스프레이 등 여분의 헤어 소품도 미리 챙겨두는 것이 좋겠다.

면접 준비에 있어 강조해도 지나치지 않는 것이 지원회사에 대한 정보이다. 평소 꾸준히 관심을 가져왔다면 면접을 하루 앞둔 날에는 최종적으로 항공사 관련 뉴스와 현황을 살피며 지원하는 항공사의 이미지를 정리해두어야 한다. 모든 항공사의 가장 정확한 정보는 항공사 홈페이지에 있음을 기억하자.

스트레스를 받거나 긴장을 하면 사람은 우선 입맛을 잃게 된다. 식사를 거르면 두뇌활동이 활발해지지 않고 기초대사율이 떨어져 기운도 잃어 기분까지 다운되게 한다. 최상의 컨디션을 유지할 때 면접에서 좋은 모습을 보여줄 수 있으므로 식사는 거르지 않도록 한다. 그리고 면접 전 잠을 푹 자지 않으면 두통이나 무기력 등 수면장애 증상이 나타난다. 또한, 잠을 설치게 되면 피부도 푸석푸석해져 여성의 경우에는 화장이 잘안 되는 어려움이 생겨 이중으로 스트레스를 받게 된다. 그러므로 면접 하루 전에는 자신의 컨디션 조절에 유의하도록 한다.

(4) 면접 당일

면접 날 아침에는 가볍게 식사를 한다. 만약 늦은 오후 면접이라면 조금 일찍 일어나 가벼운 조깅 후 샤워로 컨디션을 조절해 보는 것도 좋다. 면접날까지 예상 질문에 대한 답변 연습을 하는 것은 어리석은 일이다. 준비한 내용이 잘 외워지지 않는다면 그것 자체로 자신을 긴장시키기 때문이다. 면접 날에는 모든 준비를 마치고 편안하게 마인드 컨트롤을 하는 것이 훨씬 효과적이다.

전날 준비한 서류와 수험표, 준비물을 다시 한 번 꼼꼼히 챙겨 면접 시간 30분 정도 일찍 면접장에 도착 할 수 있게 출발하도록 한다. 출발 전 거울 앞에 자신의 모습을 비춰보자. 자연스러운 미소를 위한 입 근육 운동을 가볍게 하며 환하게 웃어보고 상쾌한 기분으로 집을 나선다. 우리가 느끼는 긴장은 마음에서 오는 불안이며 이런 불안은 낯선 환경과 낯선 사람에게서도 영향을 받는다. 조금 일찍 면접장에 도착하는 것은 지각하지 않을 수 있는 제일 안전한 방법이기도 하지만 낯선 면접장이 익숙해질 수 있는 시간적 여유를 갖게 되는 것이다. 자신의 마음이 편안해야 무엇이든 자신 있게 할 수 있는 것 있다.

면접 장소에 도착하면 그 순간부터 면접이 시작되는 것임을 명심하자. 예의 바른 태도로 만나는 모든 사람에게는 미소 띤 얼굴로 가벼운 목례를 하여 신입사원의 모습을 보이도록 한다. 면접 대기 장소에는 면접 진행 요원이 있다. 모두 사내의 직원이므로 예의 있게 행동하며 지시에 잘 따르도록 한다.

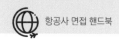

5명 이상의 다수가 참여하는 그룹면접은 지원자 개개인의 특성을 비교해 볼 수 있으며 조원의 분위기로 팀워크teamwork를 알 수 있는 장점이 있다. 즉 여럿이 모인 조직 형태에서는 개인적 자질과 능력도 중요하나 팀 구성원과의 화합하고 융화하는 모습을 보이는 것도 필요하다. 만약 대기실에서 서로 인사도 나누지 않은 채 서먹한 분위기로 면접 실에 들어간다면 그런 분위기가 면접관에게도 전해져 조 전체에게 좋은 호감을 느낄 수 없게 된다. 그러므로 면접 입실 전 서로 인사와 필요한 정보도 나누며 화기애애한 분위기를 만들고 서로 격려해주는 친화력이 필요하다.

물론 서로가 경쟁자이기는 하지만 서로의 도움 없이는 좋은 면접을 치르기 어렵다. 면접도 win-win 전략 속에서 '나'를 각인시켜야 하는 전쟁터인 것이다.

면접상황은 생방송과도 같다. 자신이 준비한 데로 진행될 수도 있지만 예측하지 못한 돌발 상황이 생길 수도 있기 때문이다. 어떠한 위기상황에서도 자연스러운 표정과 의연한 자세를 잃지 않도록 한다.

실제 지원자의 경우로 몇 가지 돌발 상황에 따른 대처법을 보도록 하자.

➔ A지원자

'면접실로 입장할 때 발을 삐끗했는데 그 이후 스텝도 꼬이고 창피한 순간이었어요!'

이런 상황이 생기면 커다란 실수를 한 것 같은 생각에 어쩔 줄 모르고 당황해하기 마련이다. 그러나 그것은 지원자 자신의 생각일 뿐 바라보는 사람 시선에서는 그렇게 커다란 잘못이 아니다. 오히려 그런 상황에서 창피해하며 쩔쩔매는 모습이 더 좋지 않은 이미지로 비쳐 질 수 있다. 그냥 아무 일도 없었던 듯 신속히 바른 자세를 취하고 미소를 잃지 않으면 된다.

➔ B지원자

'제가 말하는 중에 면접관님이 '그만~됐습니다!'라고 말을 중단시키셔서 무척 당황했어요!'

이런 경우에는 당황하지 말고 표정이 굳어지거나 어둡게 변하지 않도록 조심하며

'네'란 짧은 대답으로 자연스럽게 웃으며 마무리한다.

모든 자세와 표정은 마음과 생각에서 비롯되는 것이므로 긍정적이고 적극적인 생활의 습관이 자신을 호감 가는 사람으로 만들어 준다는 것을 잊지 말자.

◯ C 지원자

'공통질문이었는데, 바로 옆 지원자 답변이 제가 생각하고 있던 거랑 같은 거예요.'

여러 명의 지원자가 함께하는 그룹면접의 경우 한 가지의 공통질문에 자신의 순서가 오기도 전에 앞 번호의 지원자가 자신이 미리 준비하거나 생각해 둔 것과 똑같은 답변을 하는 경우이다. 순간 머릿속으로 여러 생각이 교차할 것이다. 같은 답변을 하려니 모방을 하는 것 같고 다른 멋진 답변을 준비하기에는 시간이 없기 때문이다. 같은 답변을 하더라도 앞서 말한 지원자와 이유가 다르거나 그 대상이 다르다면 걱정할 필요가 없다.

한 예로 '자신의 삶에 긍정적 영향을 끼친 사람이 누구입니까?'란 질문에 어머니를 생각하였는데 이미 옆 지원자가 말하였다면 오히려 고개를 가볍게 끄덕이며 공감을 하는 경청의 자세를 보이며 '저도 옆 지원자분과 같이 저의 어머니를 존경합니다. 항상 어려운 상황에서도 긍정적이고 진취적인 자세를 잃지 않으시는 어머니의 모습에서 생활의 지혜를 얻기 때문입니다.' 등 즉석에서 답변 소재를 바꾸려고 하기 보다는 솔직한 생각을 표현하는 것이 현명하다.

평소 순발력이나 임기응변이 부족한 사람은 이런 때를 대비하여 여러 예상 질문의 답변 대상을 하나로만 정하기보다는 두세 개의 여러 경우를 두고 준비하는 것도 방법이겠다.

PART
02

면접실무

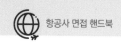
 1. 성공 면접 전략

1 실패를 부르는 면접 유형 10

(1) 비뚤어진 어깨, 구부정한 등과 불안한 시선의 나!

대인관계에서 첫인상은 매우 중요하다. 하물며 자신이 지원한 면접에서 좋은 첫인상을 주어야 한다는 것은 지극히 당연한 일이다.

첫인상을 좌우하는 것에는 올바른 자세와 예의 있는 태도가 중요 요소이며 균형이 맞지 않는 상체, 등이 굽은 자세 혹은 이야기 중 한쪽으로만 치켜 올라가는 입술 등은 좋은 첫인상을 주기에 적합하지 않은 습관이다. 물론 첫인상이란 말 그대로 첫눈에 기억되는 느낌이어서 많은 대화나 긴 시간을 같이 지내면서 나쁘게 주어진 첫인상에 대한 선입견이 바뀌는 예도 있다. 그러나 이것은 주변에서 오랜 시간을 같이 지낼 수 있는 상황에서 가능한 일이다. 항공사 면접은 길게는 30분 보통은 10여 분에 끝나는 경우가 일반적이다. 이 짧은 시간 안에 좋지 않게 각인된 첫인상을 바꾸는 것은 쉽지 않다. 그러므로 평소 좋지 않은 자세 습관이나 잘못된 버릇이 있다면 미리 바르게 교정을 하여 올바른 자세를 갖추어야 하겠다.

(2) 세상이 귀찮은 듯 힘없는 목소리의 나!

목소리로 전해지는 이미지 또한 자신을 표현하는 수단 중 하나로 자신의 이미지를 완성하는 중요 요소이다. 만족스럽지 않게 타고난 음색도 본인의 노력 여부에 따라 좋은 목소리로 바뀔 수 있다. 이러한 음성 요소 중 특히 면접에서 주의해야 하는 것은 성량이다.

상대방이 알아들을 수 없을 정도의 작은 목소리 혹은 힘없는 목소리는 자신 부족으로 비치기 때문이다. 항공사 객실승무원, 공항의 탑승수속직원은 앉아서 서류 업무를 보는 직업이 아니다. 전 세계의 다양한 성격의 승객들을 가장 가까운 위치에서 가장 긴 시간을 함께한다. 특히, 객실승무원은 위급상황에서는 승객을 통제하고 위기상황을 지휘해야만 하는 때도 있다. 이렇듯 고객과 밀접한 관계에 놓여 있다는 직업의 특성상 자신 있는 승무원의 모습이 절대적으로 필요하다. 그러한 승무원이 목소리가 작아서 고객들에게 좋은 서비스와 상황에 대한 통제력을 갖출 수 없다면 곤란한 일이다.

항공사 면접은 완벽히 갖춰진 사람을 찾기 위하여 있는 것이 아니다. 여러 기내서비스의 특성을 고려하여 적성에 맞고 잘 해낼 수 있을 잠재성을 가졌는지를 살펴보며 자신을 희생할 수 있는 기본적 인성人性과 그에 따른 서비스 마인드를 살피게 된다. 직무와 관련된 지식과 기술은 입사 후 신입 교육 과정 동안 익힐 수 있기 때문이다. 그러나 적당한 성량 조절 등 음성이미지는 갖춰야 하는 기본적 요소이다. 목소리가 커지도록 교육하지는 않기 때문이다.

작고 힘없는 목소리는 의욕이 없어 보이며 이것은 업무처리를 잘 해낼 것 같지 않은 직무능력도 의심받게 하는 좋지 않은 예이다. 면접에서 또렷하고 적당한 성량은 정확한 의사를 전달하며 자신감을 표출하는 방법이다.

여러 사람 앞에서 자기 생각을 잘 전달하는 심리적 자신감과 풍부한 성량을 키우기 위해서는 폐활량을 키우는 수영이나 산의 정상에 올라 크게 소리쳐보는 등의 운동을 통해 심신心身의 자신감을 키우는 것이 좋겠다.

(3) 말끝을 흐리며 입안에서 맴도는 스피치(speech)를 하는 나!

질문에 대해 답변을 할 때는 항상 또박또박 분명하게 답변을 하도록 한다. 아무리 좋은 답변 내용이라도 그것을 전하는 목소리나 말투가 바르지 않다면 아무 소용이 없다. 답변에 자신이 없더라도 자신 있게 분명히 말하는 자세가 필요하다. 잘 모르는 부분에서는 "죄송합니다. 잘 모르겠습니다."라고 말하도록 한다. 어물거리며 말끝을 흐리는 것은 성격적인 부분에서도 우유부단한 것으로 여겨진다.

이렇게 말끝을 흐리는 자신 없는 말투는 습관이기보다 면접상황에서 오는 긴장 때문일 수도 있다.

면접장에는 엄숙하리만큼 긴장감이 흐른다. 대기실도 마찬가지다. 이런 긴장감은 어디서 나올까? 면접장에서 당신이 긴장하는 이유는 낯선 곳과 낯선 사람들로부터 느끼는 막연한 불안, 발표나 토론을 잘 못할 경우에 받을 수 있는 타인면접자와 다른 피면접자들의

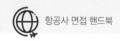

비웃음, 그로 인한 자신의 자존감 하락 따위를 미리 염려하기 때문이다. 일어나지도 않고 일어날 가능성도 낮은 일을 걱정부터하며 부정적 결과를 예단하는 비관적 심리와 실패를 자아의 상처로 연결시키려는 과도한 자책감이다. 이러한 극도의 긴장은 면접에서 좋은 결과를 얻지 못하는 결과를 초래할 수 있다.

반면에 면접에서의 적당한 긴장감은 발표와 답변을 잘 할 수 있도록 동기를 부여하고 집중력을 끄집어낸다. 그러나 너무 긴장하지 않고 여유자적하면 '저 지원자는 여기 놀러왔나?' 라는 느낌으로 오히려 문제 있는 사람 혹은 면접상황을 너무 가볍게 여기는 사람으로 보이기 쉽다.

긴장감을 적당한 수준으로 조절하고 자신감으로 바꿔야한다.

(4) "예!" "아니요!"라는 단답식 답변에 익숙한 나!

질문에 대하여 너무 간단히 "예!" "아니요!"로 끝날 때는 면접관과 할 이야기가 많지 않다는 오해를 불러일으키며 개인적으로도 말을 하는 것이 귀찮다는 느낌을 줄 수 있으므로 주의해야 한다.

또한, 지나친 단답형은 면접관에게 있어 궁금한 것에 대하여 충분한 답변을 얻지 못하여 지원자를 파악하는데 불충분하다는

우려도 있다. 지원서 등의 서류 내용으로서는 불충분 사항을 면접에서 질문이란 형식을 통해 지원자의 생활, 생각, 경험을 알고자 하는 것이다. 그러므로 적절한 부연설명을 덧붙여 자신이 어떠한 사람인지 어떤 생각을 하고 있는지 잘 표현하는 것은 당연하다고 할 수 있다.

그리고 질문의 내용에 따라 자신이 가지고 있지 않거나 경험해 보지 않은 것에 대한 질문이 나올 수도 있다. 여기에 "예!"라고 답변을 하는 사람은 모르겠지만 "아니요!"라고 해야 할 때는 자신감을 잃어 목소리도 작게 되며 더욱 단답형으로 나올 경우가 많다. 이런 모습은 소극적이고 그늘진 모습으로 해석될 경향이 있으므로 더욱 밝고 자신 있는 목소리로 답변해야 한다.

Q1 어학연수 경험이 있습니까?

A1 예. 있습니다. 대학 2학년 시절 아르바이트 비용을 모아 호주의 시드니로 6개월간 어학연수를 다녀왔습니다. 6개월이란 짧은 기간 동안 한 나라의 언어를 익히기에는 부족했습니다만, 어학 공부와 더불어 다른 나라의 문화를 접할 수 있는 좋은 경험이었다고 생각합니다.

A2 아니오, 아직 다녀오지 못했습니다. 영어와 일본어 등 외국어에는 관심이 있지만, 외국 어학연수를 다녀올 기회는 없었습니다. 그렇지만 매일 영어회화 학원에 다니며 어학 실력향상을 위해 노력하고 있습니다.

영어를 비롯한 외국어 실력은 다국적 고객을 접하는 객실승무원에게 기본적 자질 중 하나이다. 그리고 다양한 고객에게 좋은 서비스를 한다는 것은 그들의 문화를 이해해야 한다는 것도 포함된다.

외국으로 어학연수나 유학을 다녀와야 한다는 것이 중요한 것이 아니다. 외국어 능력과 국제적 감각이 필요한 직무의 특성 상 영어를 비롯한 외국어의 필요성을 알고 실력향상을 위해 노력하는 모습이 중요한 것이다.

(5) 그룹면접에서 두서없이 긴 이야기로 시간을 독차지하는 나!

길지 않은 시간에 여러 명이 함께하는 그룹면접에서는 면접 형식의 특성을 고려해 혼자서 너무 많은 이야기로 긴 시간을 독차지하는 것은 다른 지원자에게 실례가 된다.

말은 많이 한다고 좋은 것이 아니다. 특히 면접에서는 말을 하는 시간과 분량보다는 간단, 명료하며 조리 있게 답변하는 모습이 필요하다.

(6) 자존심이 상하는 질문에 면접관을 째려보는 등 거침없이 심기 표출하는 나!

면접에서 자주 질문되는 것은 개인성향, 가치관, 성장 과정 등을 알 수 있는 일반적인 질문이 주를 이루지만 간혹 지원자의 자존심을 건드리는 질문을 주기도 한다. '신장이 크지 않은데 객실업무를 잘 할 수 있겠는가?' 와 같은 신체적 조건이나 좋지 않은 학교 성적 등을 빗대어 물어보기도 하며 객실승무원으로서의 자질을 의심하는 경향의 집중적인 추궁이 있을 수도 있다.

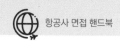

그렇다고 해서 바로 얼굴에 기분 나쁜 표정이 역력하다면 곤란하다. 이것은 실제로 지원자의 자격이나 자질을 의심해서라기보다 그런 당황되는 상황에서도 어떻게 감정을 조절하고 의연하게 대처하는지를 보기 위함이다. 만약 기분 상한 표정으로 게다가 "네?"라는 외마디 반문으로 반응한다면 예의 없고 성숙하지 못한 사람으로 판단될 것이다.

항공사를 이용하는 다양한 사람들 만큼 예측할 수 없는 상황이 생길 때도 많다. 그 중에는 서비스에 대한 불만을 항공사 직원 개인의 자존심까지 나쁘게 하며 몰아세우는 사례도 있을 수 있다. 이러한 상황에서도 고객의 마음을 이해하려는 배려와 문제해결 능력이 요구되어 진다.

면접에서의 의연한 모습은 자신이 접하게 될 수 있는 여러 난처하고 기분 나쁜 상황에 대처하는 모습을 보여주는 것이라 해도 과장이 아닐 것이다.

그렇다고 해서 면접에서 좋은 평가를 받기 위한 연기력이 있어야 하는 것이 아니다. 평소의 긍정적이고 적극적인 마인드를 가진 사람만이 이러한 뜻하지 않은 상황에 잘 대처할 수 있다. 다년간의 사회생활과 면접 경험을 가진 면접관은 면접장에서의 지원자 표정과 말 한마디에 면접을 위한 연출인지 본인의 평소 진실한 모습에서 나오는 것인지 알 수가 있다.

자존심이나 기분이 상하게 되는 것에 대처하기 위한 의도적인 노력보다는 평소 늘 밝고 여유 있는 마음을 가져 그런 상황에 당황하거나 어려워하는 일이 없도록 하는 것이 좋다.

(7) 면접관에게 질문하기 좋아하는 나!

"면접관님! YOLO[4] Life를 아십니까?"

"면접관님! 반구저기[5]反求諸己를 아십니까?"

"면접관님! 'All's well that ends well.'이란 말이 있습니다. 이 말의 뜻은 ~~~."
면접 중 이런 질문은 면접관의 이목을 집중시키기엔 큰 효과가 없다. 차라리 경구를 제시하고 싶으면,

"YOLO! 저는 다른 의미로 사용하고 있습니다. You Only Love Ocean sky! 탁 트인 바다 같은 하늘을 사랑하지 않는 사람이 있을까요? 저는,"

"중학교 1학년 때부터 '실패는 도전의 디딤돌'이라는 의미로 와신상담臥薪嘗膽[6]이란 글을 써서 책상 오른쪽 벽에 항상 걸어놓고 있습니다."

"지구별을 떠나는 어린왕자에게 여우는 '정말 소중한 것들은 마음의 눈으로 봐야한다'라고 말합니다. 지금부터 면접관님들 마음의 눈에 보일 수 있도록 제 온 마음을 다해 준비한 역량을 보여드리겠습니다." 이렇게 하는 것이 좋다.

(8) 지원한 회사 및 직무에 관한 이해와 정보가 없는 나!

취업 준비를 하는 대부분 지원자는 자신이 지원한 회사 현황이나 직업군에 대한 정확한 이해 없이 접에 임하는 경우가 많다. 특히 항공사 객실승무원은 지상에서 하는 업무가 아닌 고도altitude의 기내에서 세계를 무대로 하는 근무환경의 특성상 직업과 기내서비스에 대한 장단점, 특수성 등 직업 전반적인 이해를 필요로 한다. 그리고 항공사의 특성을 고려하여 항공기 보유 상황, 최근 취항한 도시를 포함한 노선 현황, 기업 경영이념 등을 알고 있어야 함은 물론 회사의 기본적 연혁과 항공사 관련 최근 뉴스도 살펴보아야 할 것이다. 요즘에는 소셜네트워크를 통해서도 항공사 소식이나 기내서비스에 관련된 새로운 소식에 대한 내용을 쉽게 접할 수 있다. 평소 이러한 소식을 놓치지 않고 스크랩하여 정리해둔다면 회사의 분위기와 추구하는 방향을 아는 데 도움이 된다. 그리고 가장 빠른 항공사 근황을 아는 방법은 각 회사의 홈페이지를 보는 것이다. 홈페이지상의 회사소개 부분을 살펴보면 대부분의 기본적 회사에 대한 정보를 얻을 수 있다.

객실승무원에 대한 이해가 부족하면서 '반드시 승무원이 되겠습니다.'라는 우격다짐만 한다면, 지원한 항공사가 어떠한 회사이고 최근 어떠한 부분에 관심을 가지고 사업

---

4. You Only Live Once. 독일의 문호 괴테의 'one lives but once in the world. 세상에서 한번 뿐인 인생'에 그 기원을 둔 아포리즘. 2011년 캐나다 뮤지션 드레이크의 노래 'The Motto"에서 불려 유명하게 됨. 메멘토 모리, 카르페 디엠과 유사한 의미이다.
5. 반구저기. '어떤 일이 잘못되었을 때 남을 탓하지 않고 자신에게서 잘못을 찾는다.' 맹자.
6. 좌우명. 위 글에서는 좌우명(座右銘)이란 진부한 단어를 쓰지 않으면서 좌우명이 와신상담('거북한 섶에 누워 자고 쓴 쓸개를 맛본다. 실패한 일을 다시 이루기 위해 어려움을 참고 견딘다.')임을 표현하고 있다.

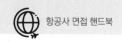

을 추진하고 있는지도 모르면서 '반드시 귀사에 입사하고 싶습니다.'라고 근거 없는 다짐만 한다면 그 말을 듣는 면접관이 당신을 신뢰할 수 있을지 되짚어 봐야 하는 문제일 것이다.

지원한 회사에 관심을 두고 준비하는 자세는 회사에 입사하고자 하는 지원자의 예의임을 명심하자.

(9) '유종의 美'가 무엇인지 모르는 나!

면접장에서 면접이 끝난 후 "감사합니다."라고 인사를 마치고 돌아서서 나가는 순간 어깨를 툭 늘어뜨리거나, 크게 한숨을 쉬거나, 앞서가는 지원자에게 말을 걸거나 문을 쾅 닫고 나가는 등의 행동으로 면접을 마친 안도감이나 긴장을 늦추는 행동은 금물이다. 깔끔한 마무리도 첫인사 못지않게 중요하다. 문을 닫고 나가는 순간까지 미소와 바른 자세를 잃어서는 안 된다. 뒷모습 이미지에도 신경을 쓰도록 한다.

말을 마치고 '이상으로 발표를 마치겠습니다. 귀한 시간을 할애해주셔서 감사한다.' '답변을 경청해주셔서 고맙습니다.'라며 면접관들에게 존경과 감사의 마음을 담아 말하라.

자리로 돌아갈 때도, 앉을 때도 나올 때와 마찬가지의 자세를 유지하라. '잘했어! 내가 제일이야!'라고 생각하며 돌아와 앉는다. 그리고 다른 지원자들의 발표 중에 단정한 자세를 유지한다. 그들의 발표에도 귀를 기울이고 고개를 끄덕이며 공감 표현을 한다. 그들은 당신의 경쟁자일 수도 있지만 같이 합격하면 동료가 될 사람들이며 그들의 발표를 잘 듣는 것만으로도 면접관들의 기억에 좋은 인상을 남긴다. 이런 데서 당신 인성 요소들이 평가된다.

대부분 지원자의 면접에 관한 잘못된 생각 중 하나는 면접은 면접관과 얼굴을 마주하는 그 순간만이라고 생각하는 것이다. 엄밀히 보자면 면접은 면접관에게만 자신의 모습을 보여주기 위한 순간이 아닌 자신이 지원한 회사를 상대로 '나'를 소개하기 위한 순간이기도 하다. 그런 의미에서 면접이 시행되는 장소, 회사에 들어서는 순간부터 면접이 시작된다는 생각으로 예의를 갖출 필요가 있다.

(10) 면접 답변에 정답은 없지만 오답은 있다.

　면접에서 중요한 것 중 하나는 면접관의 질문 의도와 성격 등을 바르게 이해하여 그것에 맞는 답변을 하는 것이다. 질문에 대한 이해를 갖고도 두서없이 너무 장황하게 이야기를 하다 보면 질문이 무엇이었는지 잊게 되면서 동문서답을 하는 경우도 생긴다.

　'우리 항공사에 지원한 동기가 뭐죠?' 라는 질문에 '여행을 좋아하고 해외 경험이 풍부하며 글로벌 감각을 가지고 있기 때문입니다.'는 대답은 오답이다. 여행을 좋아하는 것과 국제적 감각은 너무나 상투적이다.

　'비행기만 생각해도 즐겁습니다. 글과 말과 몸으로 비행기를 다루는 업무가 천직이라 여깁니다. 중장거리 노선 개척을 계획하고 있는 ○○항공에서 성장엔진의 윤활유로 활약하고 싶어서 지원하게 되었습니다.' 는 대답이 질문의 맥락에 적절하다.

　다른 예로, '장기적 계획이 무엇입니까?'라는 질문에 '맡은 직무부서에서 최고 임원이 되는 것입니다.' 라거나, '서비스 정신이 뛰어난 사무장이 되는 것입니다.'라는 답변은 오답은 아니지만 정답도 아니다. 그 회사의 문화, 직무의 종류, 면접관의 성향에 따라 리스크가 따를 수 있는 답변이기 때문이다. 도전정신과 성취지향이 우수한 것으로 평가될 수도 있지만 직무가 아닌 직위를 언급하는 것은 적절치 않은 것으로 간주될 수도 있다.

　반면에 '장기적 계획은 아직 없습니다. 합격만 되면 열심히 최선을 다해 배워나가겠습니다.'는 답변은 오답이다. 모든 질문은 '왜'라는 이유를 내포하고 있다. '○○이 됩니까?' '○○입니까?' 라고 묻는다면 '왜 그렇게 생각하느냐? 왜 그렇게 되었다고 보느냐?'라는 의미다. 왜 하필 우리 회사인지, 왜 하필 이 직무를 원하는지에 대한 명확한 방향의식을 가지고 있어야한다.

　면접질문에 딱 부러진 정답은 없지만 탈락의 문으로 안내하는 오답은 항상 있다.

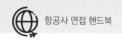

Q1 승무원으로서 도움이 될 수 있는 자신의 강점은 무엇인가요?

A1 저는 다른 사람을 돕는 것을 좋아합니다. 고등학교 때부터 여러 봉사활동을 하면서 어려운 이웃을 돕고 있는데요. 이것은 제 성격의 장점입니다.

A2 저의 강점은 봉사 정신이 강하다는 것입니다. 고등학교 때부터 시작한 봉사활동을 통해 작지만, 저의 도움이 어려운 사람들에게 기쁨을 줄 수 있다는 것에 보람을 느낍니다.
저는 이러한 경험을 통해 남을 배려하고 돕는 것에 익숙합니다. 승무원은 어떤 상황에서도 미소를 잃지 않고 따뜻한 마음으로 고객들을 보살펴야 한다고 생각합니다. 이런 점에서 미루어 볼 때 항상 즐거운 마음으로 다른 사람을 도울 수 있는 한결같은 저의 봉사 정신이 저의 강점이라고 말씀드리겠습니다.

A1의 대답은 자신의 승무원 자질로서의 강점을 묻는 말에 단순한 성격의 장점만을 이야기하고 있다. 장점은 자신의 좋은 점이며 강점은 다른 사람보다 우세한 점을 뜻한다. 그러므로 단순히 좋은 점만을 단순히 소개하는 것이 아닌 다른 사람보다 더 나은 점을 강조하고 그러한 점이 승무원으로서도 어떤 면에서 도움이 될지를 연결하여 답변한 A2의 예가 적당한 답변이라 하겠다.

이에 대비할 수 있는 방법은 평소 자기 생각을 간결하고 정확히 잘 전달하는 Speech 연습이다.

2 성공을 부르는 면접 유형 10

(1) 'Smile Queen' 의 모습다 'Miss Smile'이 되자

면접에서 Smile이 중요하다는 것을 모르는 사람은 없다. 그래서 누구나가 면접장에 들어설 때는 환한 미소로 시작을 한다. 그러나 시간이 흐르면서 그 미소가 지속하는 사람과 점점 표정이 굳어지는 사람으로 나뉘게 된다. 이유는 미소 또한 평소 습관이기 때문이다. 면접이어서가 아니라 늘 웃고 다니는 사람은 면접에서의 첫 긴장감만 사라지면 평소 자신의 모습처럼 자연스러운 미소를 보이게 된다. 그러나 평소 잘 웃지 않던 사람은 긴장된 분위기에서 갑자기 얼굴 근육을 움직이다 보면 자연스럽지 못한 표정과 심지어 입가의 심한 경련을 일으키게 되기도 한다. 바라보는 면접관으로서는 애써 꾸며지는 아름다움보다는 평소의 모습을 엿볼 수 있는 지원자에게 호감이 간다. 그러므로 웃음을 잃지 않는 사람이 되는 것도 면접의 준비라고 할 수 있다. 또한, 밝은 표정을 갖기 위해서는 매사에 긍정적인 마음을 갖는 것이 필요하다. 아름다운 자연自然으로 비교하자면 긍정적인 심리는 양질의 토양이며 이것을 기본으로 그 위에 밝고 예쁜 표정이란 나무를 키울 수 있는 것과 같다.

(2) Positive Energy를 갖자

객실승무원은 다양한 성향의 남녀노소 고객을 응대하며 만족시키는 서비스인으로 사람을 대할 때 느껴지는 친밀감이 굉장히 중요하다. 많은 지원자는 면접에서 자신은 낯선 사람들과 쉽게 친해지는 친화력이 장점이라고 소개한다. 그러나 그렇게 이야기하는 지원자 자신은 처음 보는 면접관에게 친밀하거나 편안하게 대하지는 못한다. 이것은 면접이라는 긴장감 때문이라고 말 할 수 있겠으나 변명에 지나지 않을 수도 있다. 공항이나 기내에서 만나는 고객들은 대부분 처음 만나는 새로운 사람들이다. 그런 고객에게 먼저 친밀함과 친절로 대해야 하는데 새로운 환경과 낯선 사람들에게 편안하게 다가설 수 없는데 처음 보는 고객에게 만족할만한 서비스를 제공할 수 있을까?

면접관은 지원자들의 대인친화력을 알기 위한 별다른 노력을 할 필요가 없다. 바로 면접에 임하는 지원자의 태도와 면접관과 대화하는 동안의 지원자와의 친화력을 통해 자질을 예측 할 수 있는 것이다. 상대방을 편안하고 기분 좋게 만드는 방법은 Positive Energy가 느껴지도록 노력하는 것이다. Positive Energy란 '긍정적인 에너지' 란 의미이지만 유쾌한 사람이 되는 것이다. 이것은 특별히 만들어지기보다는 평소의 습관에서 몸에 배게 된다. 늘 적극적인 생각과 태도, 다른 사람을 배려하는 마음, 불만을 느끼기보다는 항상 감사하는 마음을 가질 때 자신은 느끼지 못하지만, 주위에서 바라보는 사람은 이런 '나'로 인해 즐거움을 느낀다.

리치 윌킨스의 <소극적인 사람에서 벗어나기> 중에 "소극적인 사람들은 다른 사람들에게 상처를 주지만, 적극적인 사람들은 다른 사람들의 기운을 북돋아 준다."라는 말이 있다.

상대방에게 기운을 북돋아 주는 사람이 될 때 자신이 말로 강조하지 않아도 자신은

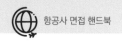

다양한 사람들과 유쾌하게 지낼 수 있는 사람임을 느끼게 해준다는 것을 잊지 말자.

(3) 열정적으로 표현하라

요즈음 '열정페이' '열정호구'니 하는 부정적 뉘앙스의 신조어 때문에 '열정'이란 단어가 그렇게 긍정적으로 받아들여지고 있지만은 않다. 그렇다고 열정passion이란 말에 너무 반감을 가지 말자.

열정은 면접의 모든 과정에서 당신의 친구가 되어야 한다. 합격의 섬에 도착하기 위해 면접이라는 험한 바다를 건너기 전 당신 자신에게 던지는 출사표의 핵심무기로 열정을 택하라. 열정이 스며있는 말투는 당신의 말에 호감과 설득이란 날개를 달아주고 말이 저지르는 실수를 커버해준다. 움츠린 자세와 풀죽은 목소리로 웅얼거리는 지식과 논리는 면접관 마음속까지 전달되지 않는다. 사실을 말해도 의심을 남긴다. 자신 있는 목소리와 자세, 그리고 일관된 이야기가 듣는 이에게 확신을 전달한다.

> **'열정 없이 사느니 차라리 죽는 게 낫다.'**
>
> - 커트 코베인 -

커뮤니케이션 스킬에서는 말언어적 커뮤니케이션보다 몸짓비언어적 커뮤니케이션이 차지하는 비중이 더 크다고 한다.[7] 몸짓은 얼굴표정, 자세, 제스처, 상대와의 거리, 손짓, 눈짓, 고개 끄덕임 등 말하는 것을 제외한 모든 행위를 뜻한다.

호감을 주는 몸짓을 기억하기 위해 'SOFTEN 소통기법'[8]을 활용한다. SOFTEN은 웃으며, 열린 자세로, 몸을 기울이고, 가볍게 접촉하면서, 눈을 마주치며, 고개를 끄덕인다는 뜻이다.

다변을 하면서 가구를 조립하듯 순서를 생각하며 몸짓할 순 없겠지만 꾸준한 연습으로 자연스러운 표현을 할 수 있다.

상대를 쳐다보고Eye contact, 몸을 앞으로 기울이며Forward lean, 미소를 유지하는Smile 세 개의 몸짓은 반드시 연습한다. 지금 당장 해보라. 일주일만 하면 습관이 된다. 습관은 인생을 바꾼다.[9]

(4) 면접관을 대화하듯 설득하자!

세계적 경영 컨설팅 회사인 매켄지 사(社)는 신입사원을 채용할 때 엘리베이터 테스트를 거친다고 한다. 27층까지 엘리베이터가 올라가는 동안 면접관을 설득하는 능력을 테스트하는 것이다.

엘리베이터가 1층에서 27층까지 올라가는데 걸리는 시간은 약 20초 정도로, 20초 안에 상대방을 설득할 수 있을 정도의 논리력과 적극성을 갖춘 상담원을 찾는 테스트다.

국내 항공사의 면접은 20~30분 정도로 그렇게 여유 있지 않은 이 짧은 시간 동안 어떻게 자신이 지원한 항공사의 인재임을 설득할 것인가?

상대방을 20초 안에 설득해야 하는 컨설턴트만큼 조리 있고 논리적인 말솜씨를 갖춰야겠다는 것을 느낄 것이다. 자신에게 주어지는 질문 하나하나가 얼마나 중요한 기회인지를 알고 성의 있게 그리고 자신을 충분히 알릴 수 있도록 노력해야 한다.

면접을 준비하는 다수의 사람들은 면접에서 물어보는 질문이 무엇인가에 관심을 둔다. 물론 질문에 답변하지 못하게 되면 굉장히 당혹스럽기 때문이라는 것은 이해하지만 어떠한 질문이 나오는지 질문 자체에만 관심을 둔다는 것이 문제이다. 질문의 유형을 알고 미리 준비하는 것도 도움이 될 것이다. 그러나 중요한 것은 자신에게도 그 질문이 주어질지 어떻게 확신 할 수 있냐는 것이다.

다급하게 혹은 안일하게 면접을 준비하는 사람은 기출 면접 질문에 대한 답변을 작성해 외우고 만족해한다. 그리고 면접에서 다행히 예상한 질문이 자신에게 물어봐 지면 프린터에서 자료가 출력되듯이 암기한 것을 풀어낸다. 이 모습을 바라보는 면접관은 이런 지원자에게 호감을 느끼지 못한다. 답변 능력 자체는 좋아 보이지만 초등학생

---

7. 메라비언의 법칙.(The law of Mehrabian. 앨버트 메라비언. 캘리포니어 대학). 첫 대면에서 상대 호감도를 판단하는 감각 기준이 언어 7%, 청각 38%, 시각(태도, 표정) 55%라는 이론. 오해하지 말아야 할 점은 이 법칙이 감정과 태도에 대한 것으로 메시지에 일관성이 모호할 때에 적용된다는 것이지 내용이 중요하지 않다는 의미는 아니다. 즉, 메시지(발표내용)와 목소리, 그리고 몸짓의 조화를 강조하는 주장으로 이해하여야 한다.

8. SOFTEN은 Smile, Open Posture, Forward Lean, Touch, Eye Contact, Nod.의 머리글자를 조합한 단어. 열린 자세(Open Posture)란 팔짱을 끼지 않고, 다리를 꼬지 않으며, 손바닥을 피는 태도를 보이는 것을 말한다.

9. 생각 말이 되고, 말은 행동이 되고, 행동은 습관이 되고, 습관은 인격이 되고, 인격은 인생이 된다. [속담] William James 또는 Frank Outlaw가 한 말이라고 알려져 있지만, 정확하지는 않다. 에머슨(Ralpf Waldo Emerson)도 비슷한 말을 하였다 '생각이 행동을, 행동이 습관을, 습관이 성격을, 성격이 운명을 낳는다.'

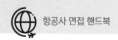

열정적으로 표현하는 네 가지 방법

1. 면접관들의 눈을 번갈아 가며 쳐다본다.

눈을 쳐다보면 건방지다거나 무례하다는 느낌을 줄 것 같은가? 비행기 옆 좌석에 앉은 사람에겐 그렇겠지만 면접관들은 그렇게 생각하지 않는다. 눈을 제대로 쳐다보지 않고 뒤쪽 벽을 본다든지 아래나 멀리 시선을 두고 말하는 사람은 평가표 자신감 란에 'C'로 기록된다. 눈을 보면 상대와 공감이 만들어진다. 눈을 보는 행위만으로 상대로 하여금 당신의 말에 집중하게 한다. 눈을 보고 말을 해야 당신의 말이 전해지고 서로가 지닌 정보와 지식이 일치하는지 판단할 수 있다. 당신과 면접관의 눈길이 열정이 전달되는 항로다. 제 아무리 멋진 조종사라도 어두운 밤하늘을 항로 없이 비행할 수 있겠는가?

2. 중요한 대목에서는 보디랭귀지를 쓰라.

- 발표 공간은 몸을 움직일 수 있는 유격이 좁다. 화면이나 보드를 쓰면 손과 몸을 자연스럽게 동작할 수 있지만, 구두로만 진행하면 아무래도 부자연스럽다. 그럼에도 적절한 움직임은 필요하다.
- 핵심내용을 말할 땐 몸을 앞으로 기울이며 두 손을 맞잡고 올린다.
- 숫자를 세거나 차례를 강조하려면 손가락으로 세는 동작을 한다.
- 강조하고 싶은 대목이면 팔을 몸을 좌우로 살짝 비튼다.
- 당신에게 자연스러운 몸짓을 개발하라. 몸짓은 자신감을 끌어올려준다. 면접관은 자신감 넘치고 확신을 가진 열정적 지원자로 당신을 기억할 것이다.

3. 얼굴에서 미소를 지우지 마라.

미소는 즐거움, 기쁨, 행복감을 나타낸다. 상대에게 호감을 주고 대화의 길을 만들어준다. 긴장되고 떨리는 내내 미소를 잃지 않는 것은 평소 습관에서 나오기 마련이다. 화장실에서 거울을 볼 때 서너 번씩 연습하라. 미소는 외향적인 사람, 사회성이 뛰어난 사람의 단서이므로 면접관의 마음을 자연스럽게 끌어당긴다. 또한 사소한 실수를 감춰주고 긴장감을 조절하는 효과도 있다. 면접관이 당신의 말에 고개를 가로젓거나 비웃음을 띠는 것 같아도 미소를 지우거나 낙심하는 모습을 보이지 마라.

4. 말씨에 자신감을 가져라.

열정적으로 발표하는 당신의 말씨는 그자체로 괜찮다. 남의 말씨를 흉내 내지 마라. 발음 교정, 억양 수정, 모음과 자음 훈련, 사투리 표시를 덜 내려는 악센트 교정에 너무 신경 쓸 필요 없다. 면접관들 역시 당신의 말씨에는 크게 신경 쓰지 않는다. 특이한 목소리나 억센 사투리가 좋은 인상을 주진 않을 수 있지만 무리하고 어색한 흉내에 비하면 자연스러움이 훨씬 낫다. 면접관이 당신의 말씨에 웃는다거나 흥미롭다는 듯이 쳐다보더라도 개의치 마라. 당신에게 오히려 관심이 있다는 표시일 수 있다.

이 구구단을 외우듯 자기 생각 없이 말하는 모습이 어색하고 자연스럽지 못하기 때문이다. 게다가 전혀 예측하지 못한 질문으로 다시 물어보면 말을 더듬으며 당황해하는 것 또한 이런 지원자의 공통점이다.

면접은 질문과 답변이라는 형식으로 이루어지는 방식이나 면접관에게 자신의 생활과 생각과 경험을 말로 표현하는 짧은 시간의 대화이다.

우리가 일상생활에서 대화할 때 미리 대화의 내용을 암기해 가지는 않는다. 그러나 중요한 자리의 대화라면 대화의 자료가 될 수 있는 정보나 자료를 준비하고 어떻게 말을 할 것인가를 정리해 볼 것이다. 이렇듯 면접의 준비도 조건 없는 예상 질문에 대한 암기보다는 평소 자연스러운 대화법을 익히는 것이 훨씬 중요하다. 다만 주어진 시간이 짧다는 것을 고려할 때 조리 있게 말하는 것에 노력하며 논리력을 키우는 것이 효과적이다. 지금까지 많은 사람 앞에 서서 이야기하는 것을 창피하게 여겨 피했다면 이제부터는 적극적으로 나서서 경험을 쌓아야 할 것이다. 친구나 가족과 대화를 할 때도 생각나는 대로 두서없이 이야기했다면 말하기 전 한 번쯤 머릿속에 자신이 할 말을 육하원칙에 맞게 말을 하는 연습을 해보는 것도 효과적이다.

그리고 면접 전까지 꾸준히 같은 speech 연습을 하는 것이 중요하다. 혼자 거울을 보며 이야기하는 것보다는 자신의 말을 들어주고 궁금한 것에 대하여 반문을 해주는 상대가 있으면 더 좋다.

혹은 카메라 촬영으로 자신의 이미지와 화법을 점검해 보는 방법도 객관적으로 바라볼 방법이다. 이런 연습은 단순히 예상 질문에 대한 답변 암기를 점검하는 시간이 되어서는 안 된다. 매번 다양한 소재와 주제를 가지고 면접관의 어떠한 질문에도 자신 있고 자연스럽게 짧은 시간 안에 자기 생각을 피력 할 수 있는 communication skill을 향상하는 것에 주력해야 한다.

(5) 답변은 결론부터 말하자

면접에서는 하고 싶은 말이 많다고 그 많은 이야기를 다 하고 올 수는 없다. 혹은 마음과는 달리 생각이 정리되지 않아 두서없이 길게 답변을 하게 되는 경우도 많다. 답변이 쓸데없이 길어지면 중간에 멈출 것을 요구받을 수도 있다. 설상가상으로 가장 핵심적인 부분을 미처 답변하지도 못하였다면 더욱 난감한 일이다. 이것은 자칫 질문을 이

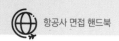

해하지 못하는 이해력 부족의 사람으로 오해를 일으킬 수 있으며 장황한 이야기 자체로도 면접관에게 무료함을 줄 수 있다. 그래서 되도록 답변은 간단, 명료하게 결론부터 시작하여 부연설명을 붙이는 것이 효과적이다. 보통 한 질문에 관해 3~4문장 30초 정도의 분량으로 정리하여 답변하는 것이 좋다.

> 내년 또는 내후년, 한국의 1인당 국민소득은 이탈리아를 넘어서게 됩니다. 두 나라 인구와 국내총생산(GDP) 흐름을 볼 때, 원화 가치에 급격한 하락만 없다면 추월은 확정적인데, 이는, …[10]

> 환갑을 맞은 대학 교수에게 지난 5월 스승의 날 식사와 선물을 제공했던 제자들과 그 교수가 청탁금지법 위반으로 신고 됐다가 최근 과태료 처분을 받았습니다. 졸업생을 포함한 40여명이 함께 돈을 냈지만, 감사원이 현재, …[11]

위의 두 발표는 면접관에게 무엇을 말하고 싶은지, 무엇을 주장하는 것인지 전달하기 어렵다.

그렇다면 어떻게 발표하는 것이 좋은지 결론부터 말하는 예제를 보자.

청탁금지법 개정을 반대하는 의견이면

> 현 정부의 청탁금지법 완화 입장에 반대하며, 청탁금지법 개정 시도를 중단할 것을 촉구합니다.[12] 청탁금지법으로 영향이 있다고 주장하는 농축산업계의 문제는 산업구조를 고치는 방법을 찾아야 한다고 생각합니다.

청탁금지법 개정을 찬성하는 의견이면

> 현 정부의 청탁금지법 완화에 찬성합니다. 청탁금지법의 취지는 공직자들의 부패를 차단하기 위한 것입니다. 그런데 그 피해를 서민들이 받아야 한다면 불합리한 조항은 고쳐야 합니다.

이렇듯 면접관은 결론부터 듣게 되면 당신이 무엇을 말하는지 빨리 이해할 수 있다.

결론부터 말하는 연습은 신문사설이나 TV뉴스의 해설을 참고하면 발표내용을 구조화하는 데 도움이 되며 그 형식은 발표 내용을 요약하여 핵심을 제시하고 되며 그 형식은 발표 내용을 요약하여 핵심을 제시하고 결론부터 알리는 데 효율적이다.

경제, 문화, 사회부문의 기사나 칼럼을 선정하여 결론-근거-사례로 전개되는 구조를 익히고 작성해본다.

작성한 후에는 TV 앵커처럼 소리 내어 읽는 연습을 한다. 자신이 작성한 글을 소리 내어 읽으면 구조화한 내용이 머릿속에 그려진다. 단어와 어휘가 이해되고 목소리가 좋아지며 발표력도 강해지는 효과를 얻을 수 있다.

회사에서도 보고나 발표를 할 때 결론부터 말하는 직원이 일처리를 잘한다는 평가를 받는다. 지위가 높을수록 다루어야할 업무 범위가 넓어지고 결정할 일도 많아진다. 시간이 곧 경쟁력이다. 사안이 복잡하고 스토리가 길수록 핵심을 뽑아내어 결론부터 말해야한다. 복잡하지 않은 내용은 말할 것도 없다. 결론부터 말해야 명쾌하게 소통할 수 있다. 특히 나쁜 소식을 보고할 때는 결론부터 전해야한다.

"강 과장! 하노이 출발 편 무슨 문제가 있는지 알아봐!"

"전무님. 베트남이 열대지방이잖아요. 저도 작년에 6개월간 파견근무를 해봐서 아는데 안개가 거의 없는 나라인데요, 현지공항 말로는 1년에 한번 있을까 말까한 현상이라고 합니다. 오늘이 바로 그런 날이라네요, 안개가 많이 생겨서 비행기가 지연되고 있다고 합니다."

전무는 피곤하고 짜증난다. 듣고 싶은 정보는 하나도 없다.

"전무님. 베트남 하노이에서 15시에 출발예정이던 ○○편이 3시간 정도 지연되었습니다. 사유는 현지공항 해무입니다. 승객은 모두 ○○명으로 공항에서 대기 중인데 상황을 지켜보며, …"

10. 한국. 2017.9.28.
11. 정동칼럼. 경향. 2017.12.1.
12. 참여연대. 2017.11.27.

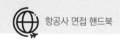

이렇게 말해야한다. 전무는 뒷말은 들어볼 필요도 없이 지시를 내릴 수 있다.

일상생활에서는 결론부터 말하기가 쉽지 않다. 우리의 관습과 문화, 언어구조가 그렇게 되어 있다. 결론부터 말하면 예의 없이 보이기 때문에 서론을 길게 하고 본론을 거쳐 결론으로 이어지는 습관을 가지게 되었다. 그러나 면접에서는 발표 뿐 아니라 질문에 대답하는 것, 토론에서 주장하는 것 모두 회사 일을 한다고 여기고 가급적 결론부터 말하는 것이 효과적이다.

"유휴지 활용계획서만 보완해서 내일까지 제출하기로 했습니다. 계획이 필요한 사유와 세부 계획서는 오늘저녁까지 완성해서 사장님 결재 올리겠습니다. 내년에 용도 변경하려던 부지 옆 유휴지가 확실한 사용 목적이 있어야한다고 요구해서요. 국토이용관리법에 그 내용이 있었는데 저희가 놓쳤습니다."

이렇게 말해야 한다.

'항공운송서비스 제언' 이라는 주제를 가정하고 다음과 같이 스토리보드를 만들었다. 이 스토리보드를 토대로 어떻게 발표할지 결론부터 말하는 연습을 해보자.

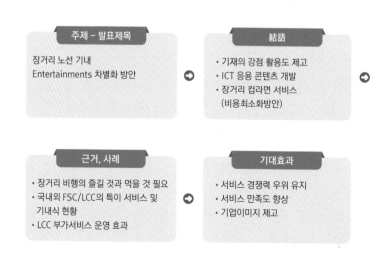

"국제선과 국내선 공항을 구분하여 검토하였습니다. 먼저 국제선공항의 서비스개선 방안을 여객의 이동 과정에 따라 세 가지로 분류하여 말씀드리겠습니다. 첫 번째, 시내에서 공항으로 출발하는 장소에서부터…,"

면접관들이 다른 생각을 하지 못하게 이야기를 빠르게 발전시켜야한다.

마지막으로 면접 질문으로 흔히 등장하는 '존경하는 사람이 있습니까?'의 답변 예제를 보자.

예, 저는 프랑스 쁘랭당 백화점 여성 CEO 로랑스 다농을 존경합니다.

그녀는 백화점은 단순히 물건을 사는 유통망이 아닌 소비할 만한 가치가 있는 새로운 공간으로 전환했으며 고객을 위한 맞춤형 구매 서비스로 위기에 빠진 쁘랭땅을 세계에서 가장 경쟁력 있는 백화점으로 만들었다고 들었습니다.

저도 그녀처럼 신선한 아이디어와 추진력을 갖춘 진취적인 여성이 되고 싶어 존경하게 되었습니다.

(6) 간결하게 말하라

'여기서 어떤 일을 하시나요?'

'제 일반적 분야는 고등로봇과 정신의학이지만 USR 회사의 로봇 의인화 프로그램 고도화를 위해 하드웨어를 컴퓨터 인간누뇌로 번환하는 데 집중하고 있죠.'

'그래서 무슨 일을 한다고요?'

'로봇을 사람처럼 보이게 만듭니다.'

영화 '아이로봇'에서 서로 처음 만난 남녀 주인공의 대화이다. 이것은 서로를 탐색하는 면접과 같은 상황이다. 가능한 상대에게 전달이 쉽게 말해야 한다.

'저기 양력을 얻어 중력에 저항하며 하늘로 올라가는 공기보다 무거운 동력 비행기계를 좀 보세요! 멋지지 않아요?'

'대상의 순간들을 초당 24 프레임으로 연속적으로 촬영하여 움직이게 보이도록 만들어 상상을 자극하는 종합예술을 함께 감상하러 갈까?'

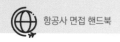

'이제 붉은 체액 속의 포도당이 뇌의 만복중추를 자극하는 느낌이 그리워요'
우리는 일상에서 이런 식으로 말하지 않는다.

'비행기 뜨는 것 좀 봐! 멋지지 않아?'
'우리 영화 보러 갈까?'
'배가 고파요!'
이렇게 말한다.

일상에서는 간결하게 말하는 게 익숙하지만 연설이나 발표에서 종종 위와 같은 표현을 들을 수 있다.

면접에서의 답변은 일상의 언어를 사용하는 것이 좋다. 간결簡潔은 대나무조각에 새긴 글이라는 뜻이다. 전달하고 싶은 내용을 최소한의 글자에 담았다는 의미다.

간결한 말에는 목표가 뚜렷이 보인다. 얼마나 뚜렷하면 쪼갠 대나무조각에 썼는데도 의미가 전달이 되었을까? 간결한 말은 힘과 믿음을 준다. 간결한 말에는 지혜가 있다.

그렇다면 간결한 답변이란 어떤 것일까?

발표문을 작성하면 중복된 단어를 찾아
없애고 추상적인 단어는 구체적인 표현으로 바꾼다. 그리고 소리 내어 읽어보고 작업을 반복한다. 아래 보도문 내용을 예제로 연습해보자.

'최근 급증하는 항공교통량에 대비하여 더 안전하고 편리한 하늘 길을 만들기 위해 올해 7월부터 원활한 흐름관리 및 위기 대응을 위한 항공교통통제센터를 시범운영하고 있으며, 항공로 관제소를 대구에 추가 구축하여 11월부터 본격 운영하는 등 항공안전을 확보하면서도 공항과 관제운영의 효율성을 극대화하기 위한 노력을 지속적으로 기울이고 있다.'

이를 말로 듣게 되면 무슨 말인지 두세 번 들어야 의미를 알 수 있다. 이 내용을 말로 한다면 다음과 같이 하는 게 좋다.

> '항공교통량이 빠르게 늘고 있어 7월부터 항공교통통제센터를 시범 운영하였습니다. 11월부터는 대구에 항공로 관제소를 추가하여 안전한 하늘 길을 만드는 노력을 계속하겠습니다.'

(7) 그림을 그리듯이 말하자!

사람이 습득하는 정보의 85%는 시각을 통해 받아들인다고 한다. 영화 제목과 내용은 잊어도 인상적인 장면은 기억하는 이유다. 글로 적힌 소설을 우리 뇌는 그림으로 번역한다. 발표는 메시지를 시각적으로 표현하는 기술이다. 잘 듣게 하느냐 보다 잘 보이게 하느냐. 당신의 말을 면접관의 마음에 시각적으로 남겨야 한다. 화면에 영상을 띄운 것처럼 생생하게 묘사해야한다.

시각적으로 비유한 표현은 이해가 쉽고 잊혀지지 않는다. 결코 잊을 수가 없는 말들은 머릿속에 그려져 있기 때문이다.

> 여우같다. 빤질빤질하다. (교활하다)
>
> 1) 바위 같은 사람이다. (심성이 올바르다. 가치관이 뚜렷하다)
>
> 2) 구르는 돌에는 이끼가 끼지 않는다. (부지런하다)
>
> 3) 빈 깡통이 요란하다. (아는 것 없이 말만 많은 사람)
>
> 4) 문에 박은 못처럼 완전히 끝났다.[13] 엎질러진 물이다. (돌이킬 수 없는 결과다)

위대한 작가들은 글을 시각적으로 쓴다. 감동으로 남은 연설들은 시각화되어 그림처럼 보이다.

'구름에 달 가듯이 가는 나그네'

'정의가 폭포처럼 흘러내리고, 거대한 물줄기가 되어 흐를 때까지,'

---

13. 'As dead as a doornail'

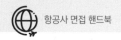

미디어에서도 정보를 글과 말로만 전달하지 않는다. 정보, 데이터, 의견, 주장을 시각화하여 전한다.

정부나 기업에서도 홍보, 프로모션, 교육 등에 인포그래픽[14]을 광범위하게 활용한다. 인터넷 시대엔 길고 복잡하면 읽지 않고 관심을 가지지 않는다.

면접에서는 구체적이고 생생한 말을 사용한다. 추상적이고 모호한 단어 대신 구체적이고 생생한 이미지를 떠오르게 하는 단어를 쓰고 부피나 수량은 숫자를 사용 할 때 전달력이 좋아진다.

① 산을 올랐다.

　→ 북한산(북한산성, 대남문, 백운대)을 올랐다.

② 대부분의 사람들이

　→ 10명 중 7명이, 직장인 70%가

③ 뛰어난 창의력으로

　→ 사회인야구동호회에서 매주금요일 저녁에 야구연습을 합니다. 밤이면 흩어진 공을 찾기가 어려워 야구공에 야광물질을 뿌려 사용했습니다.

④ 뛰어난 체력을 보유하고

　→ 주말 아침마다 6시에 일어나 여의도까지 왕복 20km를 자전거를 탑니다.

⑤ 편의점에서 매장관리기법을 배우고 고객만족정신을 키우며

　→ 아르바이트 동안 20분 일찍 출근하여 가게 안 밖을 쓸고 정리하였습니다.

⑥ 방안에 식물을 키우면서

　→ 창틀에 파란 화분을 놓고 바질을 키웁니다.

⑦ 재활용 창고에 가구를 버리고

　→ ○○구청 재활용센터에 서랍장을 기부하고

⑧ 열차와 버스를 갈아타고

　→ 수원까지 무궁화호를 타고 가서 100번 버스로 갈아탔습니다.

◉ 장애인 의무고용률 2.9%(공공기관 및 지방공기업 3.2%) 초과하여 장애인을

고용하는 사업주에게 고용장려금을 지급하여 장애인 근로자의 직업생활 안정과 고용촉진을 유도[15] 한다.

➔ 직원 100명의 회사가 장애인으로 3명이상 고용하면 장려금을 지급한다.

(8) 자신의 이야기를 스토리텔링(storytelling) 하라

이야기는 모든 종류의 스피치에서 효과를 발휘한다. 우리 모두는 이야기를 가지고 있고 매일 이야기를 즐긴다. 인간은 본래 감성 동물이며 이야기는 감성에 호소하고 감성은 이성에 앞서 이야기를 받아들이기 때문에 그럴듯한 이야기를 듣게 되면 '그 이야기가 타당한가?'라고 묻기 전에 '그래? 궁금한데?' 하며 관심을 가지는 것이 자연스럽다. '철학보다 앞서 인류의 교사가 된 것은 신화'이며 인간은 '학문적으로 생각하기 이전에 이야기의 형식으로' 듣기를 좋아하기에 이야기의 사실 여부는 어쩌면 중요하지 않다. 곰이 동굴에서 백일 만에 사람이 된 이야기와 곶감에 놀라 도망간 호랑이를 믿는 사람은 아무도 없지만 모두가 기억하고 좋아한다. 지구가 자전하는 것을 누구나 알고 있지만 '지는 해를 바라보며' 라고하지 '지구가 자전한지 24시간이 되었구나!'라고 하지 않는다.

당신이 오늘 아침 출근길에 벤츠와 추돌사고를 내고 부서진 구급차를 목격했다면 사무실에 도착할 쯤엔 몇 가지 이야기가 이미 당신 머릿속에서 만들어져 있을 것이다. 로마의 스페인 광장, 덴마크의 인어동상, 영화 '콰이강의 다리'의 배경이 된 다리가 있는 태국의 소도시 칸차나부리, 춘천의 남이섬의 유명세는 모두 스토리텔링 덕분이다.

모든 이야기가 다 흥미롭지는 않다. 이야기는 짧고 재미가 있어야 한다. 그래야 감성에 다가간다. 재미없는 이야기는 면접관의 이성을 깨운다. '저게 말이 돼?' '앞뒤가 맞지 않잖아!' 면접관들은 며칠씩 비슷한 발표를 듣노라면 신선한 이야기에 목말라 한다.

14. Information과 Graphic의 합성어. 미디어에서는 News Graphics이라고도 함.
15. 고용노동부 홈페이지. 정책자료실.

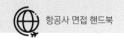

당신의 이야기는 그 곳에 들어가야 하지 않겠는가?

새롭고 재미있는 이야기를 당신의 경험에서 찾아라. 타인과 다투고 협력했던 경험을, 자기 자신과 갈등하고 싸웠던 경험, 그리하여 해결된 과정을 말하라. 당당함과 부끄러움, 성공과 실패, 용기와 비겁 사이에서 고민하고 경쟁했던 당신을 이야기하라.

'항상 경청하는 습관이 있어 친구들의 고민을 잘 듣고 상담해 줍니다.'식의 이야기는 진부하다. 증거도 없다. 대신 '주말이면 강화도에 계시는 할머니를 뵈러 갑니다. 항상 같은 이야기를 하시는데 들을 때마다 재미있습니다.' 는 이야기는 관심을 부른다.

'해외여행에서 길을 잃고 헤매다가 현지인의 도움으로 겨우 숙소로 돌아올 수 있었다'는 그저 그런 경험이다.' 대신 '여행지에서 길을 잃고 헤맨 경험을 블로그에 올렸다.' 는 당신의 목표의식을 드러내 준다.

'피자배달, 편의점, 고기 집, 택배, 온갖 아르바이트를 하면서도 열심히 공부했다.'는 면접관에게 연민만 남기지만 '피자배달을 하면서 단골손님들의 분포도를 만들어 활용하였습니다.'는 당신의 고객 서비스마인드와 사업적 능력을 전달해준다.

'떡 카페에서 아르바이트를 할 때 추석연휴 사흘 동안 한 숨도 자지 않고 버티며'는 당신의 체력을 돋보이게 하지만, '칼로 떡을 자를 때 손을 다치지 않게 안전 손잡이를 만들어 사용했다'는 당신의 창의성을 드러내준다.

당신의 경험은 결코 평범하거나 사소하지 않다. '나는 그런 경험이 없어'라고 하지 마라. 성인이 경험이 없다는 것은 없는 게 아니라 발견하지 못한 것이고, 당신의 일, 사건들이 가치가 없다고 여겼을 뿐이고, 그런 경험들을 정리하여 표현하지 않고 있는 것이다.

시내버스를 탈 때 운전기사의 인사를 반갑게 받아주는 습관은 훌륭한 이야기가 될 수 있다. 지하철을 타면서 휴대폰을 보다 넘어진 일에서도 교훈을 만들 수 있다. 동네의 오래된 서점이 어느 날 없어지고 카페로 바뀐 광경에서도 당신만의 추억과 함께 시사점을 말할 수 있을 것이다. 사람들의 경험은 대체로 평범하면서도 각자 다르다.

스토리텔링을 위해서는 자신에 관한 다양한 에피소드episode가 풍부해야 할 것이다. 아르바이트나 여행, 봉사활동, 동아리 활동 등을 통한 직접적인 경험과 책이나 미디어media를 통한 간접경험을 쌓아 에피소드를 정리해보도록 한다. 당신만의 평범한 이야기가 면접관에겐 특별한 이야기가 될 수 있다. 마인드맵, 스토리보드도 이야기 기법이다.

이야기 구조는 논리와 아이디어를 이해하게 만들어준다. 답변 속의 이야기는 당신의 논리와 아이디어를 그림처럼 보여준다. 경험에서 이야기를 찾아라. 이슈트리나 마인드 맵으로 적어보고 스토리보드로 작성해보라. 꽤 괜찮은 이야기를 발견하게 될 것이다.

(9) 이 세상에 '나'라는 유일한 존재, '나' 만의 색깔을 갖자!

세상의 모든 사람은 얼굴 생김새와 성격 또한 다양하다. 서양인은 그 역사와 문화에 의해 개인적 성향과 자기주장이 뚜렷하지만 우리나라 사람들은 정情이 많고 '우리'라는 집단개념을 중시한다.

그런데 이것은 부정적 의미로 볼 때 개성이 없다는 것으로도 해석 할 수 있다. 면접 에서도 이런 영향이 드러난다. 취미나 특기, 아르바이트 경험 등이 질문되면 답변이 천편일률적인 것이 그런 경우이다.

우리나라는 유행에 너무 민감하고 그 변화하는 속도 또한 빠르다. 한때는 재즈댄스 가 유행이어서 대부분 지원자의 취미는 재즈댄스였고 비즈공예가 일반적일 때는 대부 분이 비즈공예가 취미였다. 요즘은 요가가 그 뒤를 잇고 있다. 트렌드trend에 관심을 가 지고 것은 좋으나 다른 사람이 하니 나도 해야 한다는 식이 아닌 자신의 적성이나 취 향을 고려하여 자신만의 특기로 만드는 개성의 부족함에 대해 아쉬움이다.

특히 항공사 면접에 참여하는 지원자들은 신장이나 용모복장 등 외형적 모습에서도 서로 엇비슷하다. 게다가 면접 답변에서도 한결같이 똑같은 취미나 특기를 언급한다면 바라보는 면접관은 과연 무슨 기준으로 각 개인의 특성을 이해 할 수 있겠는가?

(10) 첫 표정을 끝까지 유지하자!

당신이 모델이나 배우같이 우월한 외모를 가지고 있다면 면접관들에게 좋은 첫인상 을 남길 것이다.

첫인상의 중요성은 뇌 과학으로 확인되고 있다. 사람을 보고 호감도와 신뢰도를 판 단하는 데 걸리는 시간은 3초 이내라고 한다. 그러니 면접관이 우월한 이미지를 갖춘 지원자에게 호감을 갖는 것은 부인할 수 없다. 기업들이 왜 고액을 들여 광고모델을 쓰 겠는가? 이른 바 초두효과와 후광효과이다. 초두효과는 처음 본 인상또는 받아들인 정보이 기억에 더 큰 영향을 끼치는 현상을 말하고, 후광효과는 하나의 좋은나쁜 현상에 주목

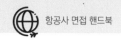

해서 전체를 판단하는 심리특성으로 선입견과 편견으로 불리는 심리적 오류의 일종이다. 후광효과에 영향을 받지 않기 위해 어떤 오케스트라단에서는 신입단원을 선발할 때 천막으로 가린 채 연주를 듣는다고 한다.

면접에서도 첫인상이 평가에 중요한 영향을 미친다. 면접관 앞에 서서 말하는 순간에 자세, 표정, 말투에서 상당부분의 인성평가가 이루어지는 셈이다. 하지만 면접은 모델 선발 대회가 아니다. 조각 같은 얼굴, 피부색, 치아미백, 쌍꺼풀눈과 같은 외모만이 첫인상이 아니다. 발표자로서의 첫인상은 오히려 자세와 걸음걸이, 눈매와 목소리 톤, 표정과 분위기에 더 가깝다. 모델 같은 외모가 아니더라도 첫인상으로 후광효과를 만들 수 있다.

면접관들은 아마도 많은 피면접자들로부터 다양한 인사말을 들었을 것이다. 그렇지만 기억에 남는 말은 별로 없다. 당신만의 브랜드가 될 수 있는 첫 인사말로 면접관에게 당신을 기억하게 하라

'○○항공의 미래를 책임질 ○○○이다.' 이런 수식은 하지마라. 자신만의 독특한 경험을 집약한 말, 직무와 연관된 한 마디, 발표 주제 내용을 강조하는 문장을 개발해보라.

> '안녕하십니까? 열하루 만에 백두대간을 완주하고 다음 날 북한산을 오르는 체력의 신(神) ○○○입니다.'

체력을 중시하는 영업이나 공항 및 객실직무를 지원한다면 해볼 만한 인사말이다. 회사에서는 체력이 부족하여 늘 지각하고 힘들어하는 직원이 의외로 많다. 서비스 현장에서 체력은 곧 서비스이다. 힘 빠진 목소리에 축 처진 어깨를 내려다보며 감동을 느낄 고객은 없다. 또한 서비스현장은 팀워크가 생명이다. 이런 직원은 결국 동료들에게도 나쁜 영향을 미칠 수밖에 없다. 결국 전체 서비스 질이 떨어진다.

면접에서 체력이 약하다는 사람은 없다. 모두 체력 하나는 최고라고 하지만 구체적으로 근거를 제시하는 사람은 드물다. 막상 입사하여 일하게 되면 체력적으로 힘들다고 호소하는 직원이 반이다.

> '미국에는 보잉, 유럽에는 에어버스, 그리고 우리나라에는 ○○항공이 있습니다. ○○항공의 랜딩기어가 되고 싶은 열정의 ○○○입니다.'

항공정비나 우주산업 분야 피면접자라면 직무열정이 보이는 이런 멘트도 괜찮다. 면접관은 엔진이나 날개가 아니고 왜 하필 랜딩기어가 되고 싶은지 물어보고 싶어질 것이다.

> '하루 내내 면접 보시느라 무척 피로하실 텐데 저에게도 관심을 가져 주셔서 정말 고맙습니다. 정성을 다하는 지원자 ○○○가 지금부터 힘차게 발표 하겠습니다!'

겉으론 표현하지 않아도 이렇게 예의바른 인사를 들으면 면접관들은 '괜찮아, 참을 만 해, 예의 있구먼!'하고 생각한다. 관심을 가지지 않을 수 없다.

어떤 사람의 첫인상이 좋지 않았더라도 이 후에 보이는 태도와 행동으로 그 사람이 점차 좋아지는 현상을 빈발효과Frequency Effect라고 한다. 상대방의 반복적인 행위를 보고 그 사람을 평가하려는 경향을 말한다. 선입견은 빈발효과로 상쇄될 수 있다. 면접은 심리게임이다. 당신이 불리한 초두효과를 일으키는 외모라 하더라도 면접 과정에서 선입견을 회복할 수 있는 기회가 얼마든지 있음을 명심하라.

그리고 첫인사 못지않게 깔끔한 마무리도 중요하다. 발표를 잘하든 그렇지 않든 첫인사 때와 같은 자세와 표정으로 인사하라. 끝까지 일관성을 유지해야한다. 말을 마치고 '이상으로 발표를 마치겠습니다. 귀한 시간을 할애해주셔서 감사한다.' '발표를 경청해주셔서 고맙습니다.'라며 면접관들에게 존경과 감사의 마음을 담아 말하라.

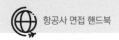

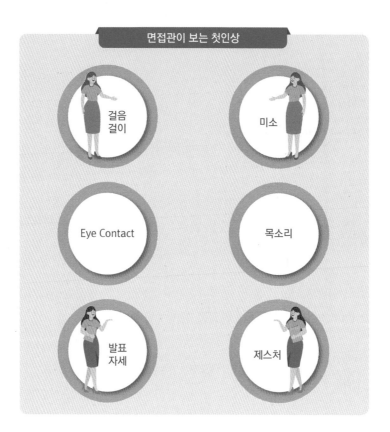

회사와 직무 정보수집

다음 방법을 참고하여 정보를 조사하고 수집해서 분류한 후 기록하고 공부해보자.

회사의 홈페이지, 블로그, 카톡, 인스타그램, 페이스북, 트위터, 카페에 가입하라.	매일 보내주는 알림메시지만 잘 읽어도 소중한 정보가 된다.
CEO와 희망직무의 최고 임원의 페이스북, 트위터, 인스타그램의 팔로워가 되라.	회사의 경영철학과 최신 동향을 파악할 수 있다.
기내잡지를 구해서 읽어보라.	항공사의 최신 동향, 정책, 기재 정보를 확인한다.
기내 엔터테인먼트 지를 구해서 읽어보라.	고객서비스 철학과 비전을 이해할 수 있다. 재미가 있다.

DART(https://dart.fss.or.kr/)에서 해당회사 정보를 확인하라.	회사 사업내용과 최신 실적 부문을 파악한다.
회사의 지속경영보고서를 인쇄하여 요약해보라. 회사 홈페이지에 있다.	기업의 비전, 미션, 핵심가치, 사업구조와 현황 상세정보를 그래픽 자료와 함께 알 수 있다.
최근 6개월 간 관련 산업의 주요 기사를 검색하여 유형 별로 정리하라.	이것만 잘해도 발표, 면접, 토론에 대비할 수 있다.
직영 발권 영업장과 공항카운터를 방문하여 관찰하라.	회사의 일선 서비스 실태와 문제점을 확인 할 수 있다.
현재 재직 중인 직원을 만나 대화를 한다.	조직 문화, 업무의 강도와 난이도, 성장과 자기계발 성취도를 확인한다.
비행기를 타본다.	비행기를 한번 타보는 것으로 회사의 전반적 서비스 프로세스를 경험하고 확인할 수 있다. 서비스모니터로서 체크리스트를 준비하여 기록하고 사후에 정리한다.
항공사의 마일리지 프로그램에 가입하라.	회원고객이 되어 서비스를 체험한다. e-Business 채널을 체험할 수 있는 기회이다.

✎ 성공을 부르는 면접 유형 10

1. 'Smile Queen'의 모습보다 'Miss Smile'이 되자!

2. Positive Energy를 갖자!

3. 열정적으로 표현하자!

4. 면접관을 대화하듯 설득하자!

5. 답변은 결론부터 말하자!

6. 간결하게 말하자!

7. 그림을 그리듯이 말하자!

8. 자신의 이야기를 스토리텔링(storytelling) 하라!

9. 이 세상에 '나'라는 유일한 존재, '나' 민의 색깔을 갖자!

10. 첫 표정을 끝까지 유지하자!

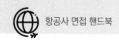

면접평가에 대한 오해

첫 인상이 80%다?

면접장에 들어오는 순간 80%는 결정 된다는 말이 있다. 첫인상 효과는 무시할 수 없지만 들어오는 순간에 80%가 결정되지는 않는다. 첫 인사에서의 호감도가 반전되는 경우도 많다. 긴장감으로 실패하는 피면접자도 있지만 극복하고 에너지를 폭발하는 경우도 있다. 물론 첫인상을 좋게 가져가는 것은 유리하다. 특히 임원면접에서는 비교적 비구조화 면접 형식을 선호하기에 더욱 그럴 가능성이 큰 것은 틀림없다.

면접을 오후에 보면 불리하다?

지원자들 간 편차가 적어서 며칠씩 인터뷰를 하게 되는 면접관들이 처음엔 관대한 평가를 하다가 후반으로 갈수록 균형을 맞추기 위해 평가점수를 낮게 주는 경향이 있다는 Narrow Bracketing 효과[16] 이론을 근거로 하는 주장이다. 반대로 오전에는 면접관들의 정신이 또렷하고, 나중에 우수한 자원을 기대하며 엄격히 평가하기 때문에 오전 면접이 불리하다는 의견도 있다. 면접관들은 그날의 면접 전체를 리뷰하고 의견을 교환한다. 오전이든 오후든 괜찮은(또는 형편없는) 지원자는 기억했다가 비교 평가한다. 당신이 몇 시에 면접을 보든 그 시간이 최상의 시간이다. 신경 쓰지 마라.

역량면접은 보여 주기에 불과하다?

이 말은 면접관의 성향을 나타내준다. 주로 고위직일수록 이런 자세를 가지고 있다. 역량평가기법을 잘 모르기도 하고, 그런 걸 익힐 시간도 없었을 것이다. 그렇지만 실무면접(1차 면접)에서는 역량기반 평가를 중요하게 여긴다. 임원면접(2,3차 면접)에 오는 피면접자들의 역량은 수준이상이라고 판단하고 태도와 인성에 주목한다. 그러니 임원면접에서는 당신의 의지와 인성을 부각시키는 방법을 특히 고민해야한다. 용모와 복장, 걸음걸이와 태도 역시 중요한 평가요소이다.

구조화 면접이 우리나라 기업에 도입 된지도 제법 되었다. 젊은 임원들은 역량을 평가하는 기법을 실전에서 경험한 사람들이 많다. 임원면접도 단순히 보여주기의 역량면접이 아닐 수 있다.

외워서 말하면 감점이다?

정확히 말하면 '외운 것 같으면 감정당할 가능성이 높다.' 이다. 외워도 자연스럽게 연출하면 오히려 더 잘할 수 있지 않을까? 간혹 외운 티가 팍팍 나는데도 굳건히 발표하는 지원자가 있다. 말하는 도중에 잊어버리곤 "다시 해 보겠습니다"하고 처음부터 똑같은 말을 다시 한다. 연습이 부족했겠지만 의지는 강해 보인다. 아예 포기하거나 성의 없이 하는 사람보다는 훨씬 낫다. 연기자들은 대본을 다 외운다. 앵커도 기자도 우선은 외운다. 외우는 것이 곧 연습이다. 지원동기와 자기소개와 같이 미리 준비할 수 있는 단골질문은 자신의 것을 만들어서 외우되 외우지 않은 것 같이 대답해야한다.

2. 면접질문의 구조

면접관은 면접에서의 질문의 초점을 '그 이유'에 둔다. '그렇게 생각하는 이유는 무엇이냐?'라는 말이 없더라도 대체로 면접에서는 정답이 있는 질문을 하지 않는데 지원자의 답변에서 지원자의 주장이나 의견을 뒷받침하는 이유에서 평소에 지원자가 사고하고 상상하고 소통하는 일상의 가치관을 파악하는 데 적합하기 때문이다.

누구나 말할 수 있지만 대개 진부하거나 과도하게 꾸민 대답이 나오므로 당신에겐 남다르게 보여줄 수 있는 기회이다.

다음의 질문에 먼저 스스로 대답해보고 제시한 예문과 비교해보자.

Q 취미에 관하여

A 저의 취미는 축구입니다. 포지션은 풀백수비수입니다.
풀백은 강인한 체력, 빠른 판단력, 몸을 아끼지 않는 희생정신을 필요로 합니다. 현대 축구에서 풀백은 수비만 하지 않습니다. 공격수에게 결정찬스를 제공하고 빈틈을 공략하여 기회가 포착되면 슛을 날리죠.
○○회사에 입사하여 영업, 운송, 화물 분야를 가리지 않고 오버랩핑[17]하는 뛰어난 풀백이 되겠습니다.

많은 남자 피면접자들이 취미나 여가활동이 축구라고 말한다. 그런데 정작 축구에 대해 질문하면 대답은 한결같다. 포지션은 미드필더, 롤 모델은 박지성 아니면 손흥민이다. 축구에 전혀 문외한이면, 다른 종목을 사례로 들어 답변하는 순발력이 필요하다.

16. 「Daily Horizons: Evidence of Narrow Bracketing in Judgments from 9,000 MBA Admission Interviews.」 Uri Simonsohn, 하버드 비즈니스 스쿨. MBA 응시자 면접 분석 결과, 하루에 3명에게 좋은 점수를 준 면접자는 4번째 면접자에게는 그렇게 하길 주저한다는 분석을 내놓았다.
17. 축구에서 수비수가 공격 진영으로 들어가 공격을 돕거나 공격하는 행위.

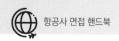

Q 좋아하는 꽃이나 식물

A 가을 들녘과 강변에 무리지어 피는 갈대를 좋아합니다. 갈대는 두드러진 아름다움은 없지만 인내와 신뢰와 지혜의 상징입니다. 저는 ○○회사에서 갈대를 닮아 끊이지 않는 믿음을 주는 사람이 되겠습니다.

'○○라고 생각한다.' '○○일 것 같다.' '○○이면 좋겠습니다.' 같은 추측성어미를 쓰지 말고, '○○입니다', '○○가 어울립니다.' '○○를 하겠습니다.' 같이 단정적으로 말하라. 확신을 나타내야한다.

자신이 좋아하는 꽃, 동물, 색깔, 스포츠종목, 영화와 문학 장르에 대해서도 답변 연습해보자

Q 어떤 사원이 되겠습니까?

A 저는 보잉787 시리즈 드림라이너의 레이키드 윙팁[18]이 되겠습니다.
레이키드 윙팁은 첨단 기술로 제작되어 날개 끝에서 발생하는 와류[19]를 줄이는 데 일반 윙렛보다 연료절감효과가 뛰어납니다.
저 역시 ○○회사에서 레이키드 윙팁과 같은 첨단기술이 융합된 인재로 회사라는 비행기의 효율성을 높이는 데 기여하고 싶습니다.

모든 동력장치의 핵심은 엔진이다. 그러나 엔진외의 수만 가지의 부품도 안전에 미치는 영향은 똑같다. 이러한 답변은 지원한 분야에 관한 전문 상식을 미리 알아보았다는 적극성도 어필할 수 있다.

구조화면접에서 면접관의 질문 방식에는 몇 가지 패턴이 있다. 질문 패턴의 내용과 패턴 별로 대답하는 요령을 살펴본다.

1 개방형 질문 Open-ended Question

질문 주제에 대해 당신이 가진 지식과 생각, 느낌을 충분히 말할 수 있도록 대답할 수 있는 범위를 열어놓은 질문을 말한다. 지원동기회사선택의 동기. 직무 동기, 경험의 동기나 특정 사안에 대한 의견과 사고를 파악하기 위해 사용된다. '오늘 면접장까지 어떻게 오셨습

니까?' '면접을 마치고 무엇을 할 계획입니까?' 같은 질문이 보편적인 개방형 질문들이다.

개방형 질문의 주 포인트는 지원서에서 적어놓은 자격과 경험이 사실인지 조직에서 일 할 때 말이 통하는 사람인지 직무성과를 기대할 수 있는지 확인하기 위해 당신이 증명할 수 있도록 기회를 주는 것이다. 대게 이런 질문은 후속질문Funnel Question 꼬리를 물고 이어지는 질문으로 이어질 가능성이 많다.

그러니 기회를 준 면접관이 민망하지 않도록 주저 없이 준비한 것들을 말한다.

① 대학 때 무슨 동아리에 있었습니까?

② 1년간 휴학을 했는데 무슨 일이 있었습니까?

③ 지금 기분이 어떻습니까?

④ 환율이 항공사수지에 어떤 영향을 끼칩니까?

⑤ 지금 자신의 원하는 삶(인생)을 살고 있다고 생각합니까? 어느 때 가장 행복을 느낍니까?

질문⑤의 경우 자신이 꼭꼭 숨겨왔던 감정이 폭발할 수 있는 '때'나 '경험'을 떠올리며 심각한 표정을 지을 필요는 없다. 면접관은 철학적이거나 감상적 답변을 기대하는 것이 아니다. 당신이 삶을 긍정적으로 보고 있는지 확인하고 싶을 뿐이다.

Q 지금 자신의 원하는 삶인생을 살고 있다고 생각합니까? 어느 때 가장 행복을 느낍니까?

A 계획을 세우고 기록할 때가 행복합니다. 여행, 공부, 아르바이트 등 중요한 일들을 앞두고 계획을 세우면 마치 성공한 기분이 듭니다. 대개는 계획대로 되지 않지만 그 다음엔 보다 발전된 계획과 결과를 얻게 되기 때문입니다."

18. Raked Wing Tip. 항공기 주 날개 끝부분의 후퇴각을 전체 후퇴각보다 더 크게 해 와류를 억제하는 방식. 특히 수직이 아니기 때문에 윙렛보다 주 날개 전체 폭을 넓히는 효과가 더 크다. 이 윙팁의 적용으로 이륙 시 활주거리를 줄일 수 있게 되면서 보잉 767-400ER, 747-8, 787-8, 78ㅣ-9에도 적용됐다. 「월간항공 2015」. 우리나라에서는 대한항공에서 생산하여 보잉사에 납품 중이다.

19. 와류. 날개의 앞부분에서 직선으로 들어온 공기가 끝부분에서 소용돌이처럼 변하는 현상.

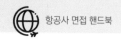

2 폐쇄형 질문 Closed-ended Question

'예' 또는 '아니오'로 대답하게 하는 질문이다.

면접관의 입장에서는 분위기를 편안하게 만들기 위하여 간혹 패쇄형 질문을 사용하지만 패쇄형 질문은 피면접자의 인식범위를 좁히고 사실유무 답변만 요구하는 틀을 만들어 지원자를 올바르게 평가하기 어렵기 때문에 자주 하지는 않는다.

폐쇄형 질문의 몇 가지 예를 들어보자.

① 예전에 우리 회사에 지원한 적이 있습니까?

② 오늘 면접이 끝나면 기다리는 사람이 있습니까?

③ 아침은 먹고 왔습니까?

④ 조깅을 자주 한다고 하였는데 매일 하나요?

⑤ 담배 피웁니까?

패쇄형 질문을 받더라도 면접관의 단순한 궁금증이 아니면 적극적으로 답변하는 것이 좋다. 질문 ④와 ⑤는 대화를 구체적 목표로 전개시키려는 의도가 있다. '조깅을 매일하나요?' 는 당신의 규칙적 생활태도에 호의적 관심을 나타내는 것이고 '담배를 피우느냐?' 는 흡연여부가 궁금한 것 보다 당신이 대화를 발전시킬 수 있는지를 확인하는 것이다. 소통능력과 입사의지를 보려는 것이다. 그러므로 모든 질문에는 성의를 다해 대답한다. 면접관을 머쓱하게 해서 대화가 끊기게 하거나 좋지 않은 방향으로 질문이 이어지게 두지마라.

Q "담배 피웁니까?"

A "담배는 졸업하고 끊었습니다."

Q "…"

A "…"

Q "왜 끊었습니까?"

A "담배는 건강에 좋지 않아서 끊었습니다."

이러한 대화보다는

> "담배는 피지 않습니다. 대학 입학 후 잠시 핀 적은 있지만 여자 친구를 만나면서 끊었습니다. 그 결정으로 여자 친구의 마음도 얻고 지금까지 6년 동안 8백3십만 원을 절약하였습니다."

3 가설적 질문 Situational Question

실제를 가정한 상황을 주고 그런 상황에서 어떻게 할 것인가? 무슨 일이 일어날까? 라고 묻는 질문이다. 일을 하다가 부딪칠 수 있는 상황에서 문제를 파악하고 해결하는 아이디어와 방안을 제시할 수 있는지를 보는 것이다. '만약'이라는 단어가 들어갈 수도 있고 그렇지 않을 수도 있지만 문맥을 잘 파악하고 대답한다. 가설적 질문은 한 두 번의 연속된 질문으로 이어질 가능성이 크다.

> 1) 홍보나 광고 부서를 희망하였는데 다른 쪽으로, 예를 들어 화물영업으로 배치된다면 어떨 것 같습니까?
> 2) 버스에서 경로석에 앉아 있는데 한 할아버지가 다짜고짜 야단을 치며 자리를 비키라고 한다면 어떻게 하겠습니까?
> 3) 지금 자신이 우리 회사 경영자라면 제일 먼저 무엇을 하겠습니까?
> 4) 부서의 상사가 당신에게 단순하고 반복적인 일만을 계속 시킨다면 어떻게 하겠습니까?

◉ 질문 4의 예제를 보자.

Q. 부서의 상사가 당신에게 단순하고 반복적인 일만을 계속 시킨다면 어떻게 하겠습니까?

A "신입직원이라면 일정기간 동안은 그런 일도 묵묵히 수행해야 한다고 생각합니다. 그러나 수습기간이 끝나거나 그 일을 충분히 했다고 생각되면 상사에게 저의 능력에 맞는 일을 맡겨달라고 정중히 요청 드리겠습니다."

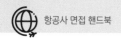
이러한 답변보다는

> "회사의 일이기에 단순하고 반복적인 일이라도 가치가 있다고 생각합니다. 단순한 일은 능숙하게 달인처럼 해내면서 빠른 시간 내에 처리하고, 남는 시간에 제가 하고 싶은 일을 선배님들에게 배우겠습니다."

4 자기평가 질문 Self-assessment Question

당신은 어떤 사람인가? 당신의 장점과 단점은 무엇이고 외향적인지 내향적인지를 궁금해하는 것이다.

'자신의 강점과 약점을 설명해주세요.' '지금 하는 일에 만족합니까?' 같은 질문이다.

서류심사 결과 당신이 '목표를 정하면 책임감과 사명감을 가지고 끝까지 해내는 성실한 역량 보유' 라고 적혀있다면 면접관은 어떤 경험과 공부가 그런 역량을 키웠는지 확인하고자 한다. 자기평가 질문에 자신을 비하하거나 결점을 드러내려는 피면접자는 없으므로 자칫 자랑만 하다 끝날 수 있다.

겸손한 자세로 당신을 부각시키는 답변을 할 수 있어야 한다.

① 문제해결능력이 뛰어나다고 하였는데 구체적 예를 들어주세요?

② 자신이 발전하고 성장하게 되었다고 느낀 계기나 사건이 있습니까?

③ 자신이 실패하였거나 좌절한 경험이 있다면 얘기해보세요.

④ 자신의 직업관을 설명해보세요.

⑤ 앞으로 인생의 장기적 목표가 무엇인지 말해주세요.

질문의 시점이 과거일 경우가 많고 대답도 과거의 행위에만 초점이 맞춰지기 쉽다. 질문 문장시점의 프레임에 갇히지 말고 과거에 체득한 경험과 공부를 바탕으로 지금의 당신이 되었고 이를 디딤돌로 미래에 기여할 수 있는 진취적인 인재임을 보여줘야 한다. 긍정적이고 낙관적이며 열정을 지닌 젊음을 보여줘라.

○ 질문 ⑤에 대한 A, B 2개의 답변을 비교해 보자.

> Ⓐ "저는 장기 목표_{비전}를 두 가지로 나누어 세웠습니다.
>
> 어떻게 살 것인가? 와 얼마나 가질 것인가? 입니다. 즉 '존재와 소유'의가치 균형을 적절하게 이루고자 하는 인생의 목표가 있습니다. 구체적으로는 저는 제가 좋아하고 잘하는 일을 하면서 열정적으로 살고 싶습니다.
>
> 또 현재는 월 40만원 임대 원룸에 살고 있지만 15년 후엔 35평 아파트를 구입하여 살고 싶습니다.
>
> 그 목표를 이룰 수 있는 곳이 바로 이 회사입니다."
>
> Ⓑ "저의 장기 목표는 항공서비스 분야의 마케팅 달인이 되는 것입니다.
>
> 뛰어난 마케터의 필수 역량인 분석력, 대인친화력, 그리고 계획하고 전략을 구성하여 실천하는 능력까지 갖추었습니다. 작년 가을 동아리 회원 2명과 전주시 마케팅아이디어 경진대회에 참가하였습니다. 저희들이 제출한 '한류문화 확산을 위한 전북관광자원 개발' 안으로 결선까지 진출하였습니다. 그 외에도 청주시와 경기도 지방자치 주관 공모전에 참여하여 실력을 키워왔습니다.
>
> 비행기에 관심이 많아 어릴 때부터 항공사에서 일하고 싶었던 제 꿈을 이루고 항공사업 분야에서 마케팅 달인이 되어 회사를 위해 사회를 위해, 무엇보다 제 자신의 행복을 위해 일하는 사람이 되고 싶습니다.

장기적 목표 또는 비전, 인생관을 묻는 질문의 의도는 가치관, 삶과 직업 목표의식, 계획성, 신념, 긍정성, 미래지향적 행동을 파악하는 데 있다. 당신이 회사의 비전을 달성하고 미션을 수행하는 데 적합한 자질을 지니고 있는 사람인지 확인하는 것이다. 당신이 면접관이라면 어떤 답변에 어떤 역량을 평가하겠는가?

면접관은 당신 개인의 목표에 관한 관심보다는 최고의 인재 보다 최적의 자원을 원한다는 점을 기억하자.

이런 점에서 답변 A보다는 답변B가 좋은 예제가 되겠다.

자신이 지니고 있는 보다 실질적이고 피력하기 쉬운 상점도 찾아보라. 예를 들어 다음과 같은 것들인데 빈칸에 스스로의 장점을 채워 보자. 이런 장점_{강점}들은 친숙하고

생생하며 조직문화와 업무수행에 직접적으로 도움이 되는 역량이 될 수 있다.

아울러 역량을 말할 때는 구체적 사례 한두 가지를 제시할 수 있어야 한다.

5 유도 질문 Leading Question

면접관은 당신이 숨기고 있거나 당신 속에 잠재되어 있는 감정과 사고를 찾아내려고 한다. 당신의 경계심을 살짝 무너뜨린 다음 파고들거나 또는 노골적으로 자극하는 질문을 던지기도 한다.

유도질문은 대게 탐침질문으로 이어진다. 유도 질문에는 특히 감정을 배제하고 논리적으로 대답해야 한다.

① 성인이 된 후 살면서 가장 후회스러웠던 일이나 사건이 있습니까?

② 우리 회사의 서비스에서 고쳐야하거나 개선이 필요한 점은 무엇이라고 생각합니까?

③ 전공이 화학인데 왜 서비스 직무에 지원했나요?

④ 특기가 한국 무용이라고 되어있는데 희망직무와 연관성이 없는 것 같군요?

질문 ③은 면접에서 자주 등장하는 질문이다.

면접관은 화학 전공자도 서비스 직무 수행에 전혀 문제가 없음을 알고 있다. 1차 서류전형에서 통과하였기에 면접에 참여할 수 있는 것이다. 채용자격요건이 전공무관이라면 더욱 그러하다.

단지 당신이 다른 회사에도 지원하였는지, 채용 후에 이직할 가능성이 있는지, 이 회사에 진심으로 오고 싶어 하는지를 확인하고 싶을 뿐이다.

● 질문 ③에 대한 A, B 2개의 답변을 비교해 보자.

Ⓐ

"화학공부를 하다 보니 제 적성에 그리 맞질 않았습니다. 대학 여름 방학 기간에 카페와 호텔에서 아르바이트를 하면서 서비스 업무에서 제 역량을 발견하고 지원하게 되었습니다."

Ⓑ

"화학은 물질의 구성 요소와 성질을 분석하고 그 반응과 변화를 연구하는 학문으로 공부를 통해 수리력과 분석력을 키웠습니다. 저는 생물유기화학 분야를 좋아하는데 식품 수출 1위 기업인 ○○항공의 기내식센터에서 저의 능력을 펼치고 싶습니다. 불광동 이디아 카페에서 2년간의 아르바이트 경험을 통하여 대면 서비스도 즐거운 마음으로 할 수 있음을 발견하였습니다."

답변 A의 경우, 면접관은 당신에게 연민을 가질지 모르지만 당신을 선택할 근거는 찾지 못한다.

지원서에 기록한 세부적 사항들을 면접관의 입장에서 보고 대답을 준비하는 것이 좋다.

이런 점에서 답변 A보다는 답변B가 좋은 예제가 되겠다.

특히 대학의 전공은 자신이 지원한 직무와의 연관성을 만들어야 한다. 그리고 스스로 자신 있게 자연스러울 정도로 대답할 수 있도록 연습한다. 꾸준한 연습은 공격적인 질문에도 흔들리지 않게 해준다.

6 탐침 질문 Probing Question

탐침은 찔러보는 것이다. 수맥을 찾을 때 한 곳이 안 되면 옮겨가며 땅을 찔러보는 것과 같다.

탐침질문은 과거행동을 바탕으로 입사 후의 행동을 예측하기 위한 질문으로 대표적인 구조화 질문기법이다. 당신의 과거 경험이나 사건, 행위에 대한 개방형질문으로 시작되어 단계를 좁혀가며 탐험하듯이 질문을 이어 간다. 문제해결 과정을 들어보고 창

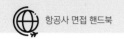

의력, 의사결정능력, 계획수립과 전략적 사고력을 평가 한다.

지원서에 적힌 역량이나 자기소개에서 나타난 직무성향을 무시하고 처음부터 검증하는 질문이라는 의미로 제로베이스Zero-base 질문이라고도 한다.

탐침질문 기법을 잘 사용하면 지원서에 기록된 성과와 행위를 검증할 수 있고 미래의 행동 패턴을 짐작할 수 있다. 그냥 캐묻는 질문이 아니라 체계적이고 과학적인 면접 질문도구이다.

탐침질문은 대체로 가설적상황적 질문 다음에 이어진다.

'○○ 한 상황일 때',
'○○이라면',
'○○가 계속 된다면',

등으로 시작 한 후, 다음과 같은 질문이 나온다.

▷ 그 이유는 어디에 있다고 생각합니까?
▷ 그런 문제점을 해결하는 데 시간과 비용은 얼마나 걸릴 것 같나요?
▷ 해결방안을 수행하는 데 다른 어려움은 예상하지 않나요?
▷ 과거에 그런 방식으로 해결한 사례가 있습니까?

예를 들어보자.

'학생 시절에 실패했거나 좌절한 경험이 있습니까?'	경험(사례)이 있는가?
'그때 그렇게 할 수 밖에 없었나요? 그런 방식이 최선이었습니까?'	↓ 어떻게 다루었나?
차선책이 있었나요? 차선으로 고려했던 방식을 구체적으로 설명할 수 있습니까?	↓ 구체적 사례(방법)는?
'그런 과정에서 무엇을 배웠습니까?'	↓ 느낀 교훈은?

우문현답(愚問賢答)

기억하라. 면접관의 질문에 우문(愚問)은 없다. 그렇게 보일 뿐이다.

1. 평범한 물음에는 자신만의 사례로 성의를 다하라.

2. 부정적 상황을 묻는 질문에는 긍정적인 결과로 마무리하라.

3. 구조화 질문에는 구조화된 답변으로 응답하라.

PART
03

국내 항공사
자기소개서 작성

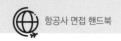

 1. 자기소개서 작성

1 구체적 사례를 제시하자!

지원서의 자기소개서는 인사 담당자가 가장 관심 있게 읽으며 지원자를 파악하는 기초적인 자료이다. 그래서 지원동기에 관한 답변은 '어릴 적부터 꿈이었다.'라는 등의 막연한 이야기보다는 객실승무원을 혹은 지상직을 직업으로 선택하게 된 구체적인 계기와 입사를 위한 노력 등에 대해 자신의 경험이나 사례를 제시하며 설득력 있게 작성하도록 한다.

지원서에 제출하는 자기소개와 면접용 자기소개는 다르다. 면접에서는 간단, 명료히 내용의 핵심만 전해야 하지만 지원서에서는 더욱 구체적이고 사실적이며 서류에 맞는 문어체적 표현이 필요하다. 구체적이라고 해서 장황한 설명이나 쓸데없는 수식어가 많은 것을 의미하지 않는다. 무엇보다 자신의 경험을 근거로 한 명료한 문장이 깔끔한 인상을 준다.

2 결론 먼저 쓰자!

보통 글을 읽을 때 사람들은 첫 문장과 마지막 문장에 시선이 많이 가는 편이다. 그러므로 두괄식으로 작성하는 것이 효과적이며 1000자 이상이 되는 내용에서는 소제목을 넣어 작성하는 것도 좋다.

자기소개서를 포함한 지원서에서 면접 질문이 나오는 경우도 많다. 자기소개서는 지원자의 성장배경, 경험이나 활동 사항 그리고 가치관과 등을 엿볼 수 있기 때문이다. 그러므로 반드시 사실에 기인한 솔직한 이야기여야 하며 지나친 미사여구로 과장되지 않게 작성하도록 한다.

3 문서에도 이미지가 있다!

① 소셜 네트워크에서 주고받는 약어 표현이나 이모티콘의 사용은 금지해야 한다. 글씨체는 바탕체나 굴림체, 돋움체가 적당하며 부각하기 위한 독특한 글씨체는 사용하지 않도록 한다.

② 인터넷이나 소셜 네트워크의 잘못된 정보를 옮겨오지 않도록 주의한다.

③ 반복적인 단어 사용을 주의한다. 지원자들이 가장 많이 사용하는 단어는 '저는~ 저의~' 등 1인칭 주어이다. 문장을 해치지 않는 정도에서 생략할 수 있는 단어는 중복하지 않도록 하자.

4 자소서도 복습이 필요하다!

① 작성 후에는 여러 번에 걸쳐 읽어 보아야 한다. 문장의 매끄러움을 점검하며 쓸데없는 군더더기 표현들은 추려내는 수정 및 보완 작업이 필요하다.

② 오타가 없는지항공사-항고사 띄어쓰기는 제대로 되었는지 점검한다. 특히 항공사명에 오타가 생기지 않도록 한다대한항공-대항항공.

마지막으로 지원서를 접수 시 마감일에는 지원자가 급증하며 접속이 원활하지 않을 수 있어 최소 항공사별 마감 이틀 전에 지원하는 것이 좋다.

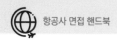

항공사 면접 핸드북

2. 대한항공 자기소개서

1 자기소개서 항목

(1) 대한항공 입사를 위해 본인이 기울인 노력과 대한항공에서 이루고 싶은 목표를 서술
하시오. (600자 이내)

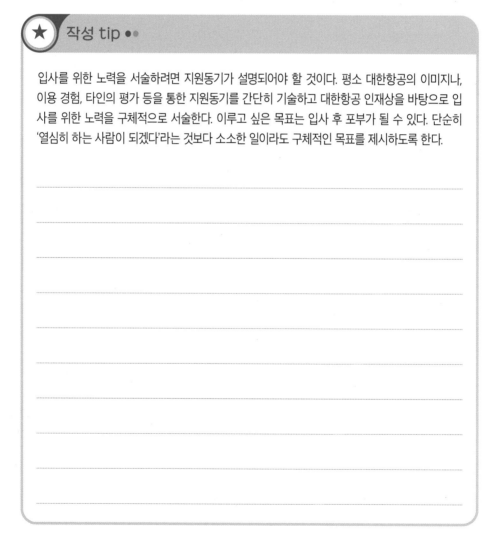

★ 작성 tip ••

입사를 위한 노력을 서술하려면 지원동기가 설명되어야 할 것이다. 평소 대한항공의 이미지나,
이용 경험, 타인의 평가 등을 통한 지원동기를 간단히 기술하고 대한항공 인재상을 바탕으로 입
사를 위한 노력을 구체적으로 서술한다. 이루고 싶은 목표는 입사 후 포부가 될 수 있다. 단순히
'열심히 하는 사람이 되겠다'라는 것보다 소소한 일이라도 구체적인 목표를 제시하도록 한다.

(2) 객실승무원이 가져야 할 서비스마인드 중 가장 중요한 요소는 무엇이라고 생각하는지
본인의 경험을 토대로 기술하시오. (600자 이내)

★ 작성 tip ••

'본인의 경험을 토대로 기술'이라는 제시가 있는 만큼 서비스 요소를 나열하는 식이 아닌, 자신의
서비스업 근무 경험 혹은 아르바이트 경험에서의 에피소드와 함께 서비스 마인드 요소를 기술한
다. 질문에 대한 답변을 통하여 지원자가 파악하고 있는 객실승무원의 자질이나 덕목을 가늠할
수 있기 때문에 이를 위한 설득력 있는 내용을 쓰도록 한다. 이미 제시한 주제에 무엇을 피력해야
하는지 드러나고 있다. '객실승무원 서비스 마인드, 가장 중요한, 본인의 경험'이라는 키워드에 집
중하여 작성하도록 한다.

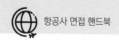

(3) 본인이 마주했던 가장 큰 시련은 무엇이고, 이를 어떻게 극복하였으며 그 과정을 통해
    얻은 삶의 지혜는 무엇인지 기술하시오. (600자 이내)

★ 작성 tip ••

'시련', '극복' 이러한 키워드는 면접질문에서도 자주 등장한다. 답변을 통하여 지원자의 가치관
더 크게는 지원자의 인생관을 엿볼 수 있으며 극복 과정이나 결과를 통하여 직무 수행 중 어려
움에 직면했을 때의 상황대처능력을 가늠하게 한다. 따라서 자신이 경험한 어려움에 관하여 솔
직하게 그 과정에 관하여는 상세히 설명하고 그 과정을 통하여 얻은 깨달음을 설득력 있게 작성
한다.

3. 제주항공

　　제주항공 자기소개서는 많은 지원자가 작성하기 어려워하는데 그 이유는 1000자 이내라는 다소 길다고 느끼는 분량과 다른 항공사 대비 특이한 형식 때문일 것이다. 그만큼 상세하게 기술하라는 의미로 볼 때 짧게 작성해야 하는 것보다는 오히려 자신의 경험이나 가치관을 잘 녹여낼 수 있는 기회라고 생각는 것이 좋겠다.

　　1번 '개요'를 제외한 항목에 개하여 '지원자가 위키 인물백과에 10년 후 등재된다고 가정할 때, 어떤 내용들이 기재될 지 3인칭 시점으로 기술' 해달라고 제시하고 있다 _{2024년 기준} 이는 지원자들 스스로 '자신이 이렇다'라고 소개하는 것이 아닌 제3자의 시각으로 즉, '객관적으로 자신을 분석하여 소개하자'라는 의미일 것이다. 때문에 '3인칭' 문체로 작성함을 반드시 준수하여야 한다.

1　자기소개서 항목

❶　개요한 줄 소개10자-150자 이내

　　예시: 제주항공은 차별화된 서비스와 도전적인 기업문화를 바탕으로 하는 대한민국 대표 지비용· 항공사이다.

 작성 tip ●●

위 예시는 제주항공이 제시한 참고 내용이다. 즉, 위 예시처럼 지원자 자신을 3인칭 시점으로 한 줄로 소개하라는 의미이다. 면접에서 간혹 등장하는 '한 줄 자기소개'와 같지만 '저는 ~~한 사람이다' 가 아닌 '○○○는 ~~한 사람이다' 식으로 작성함에 유의한다. 예시처럼 자신의 강점, 특성 등이 드러나도록 한다.

_____

_____

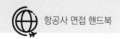

2 제주항공 입사 전 학창시절 및 사회경험1000자

 작성 tip ••

3인칭 시점으로 기재하라는 조건에 유의하자!

3인칭 시점이라면 누군가가 자신의 이야기를 전달한다는 표현이어야 하며 1000자 이내인 분량을 감안할 때 경험에 대한 단순 나열보다 자신의 성향이나 강점이 부각될 수 있는 활동이나 경험을 중심으로 상세하고 구체적으로 작성하여야 한다. 학창시절과 사회경험 모두를 작성하는 경우 각 각에 소제목을 붙여서 가독성을 높이는 방법도 가능하다.

3 **제주항공 입사를 위한 특별한 노력**1000자 이내

 작성 tip ••

'특별한 노력'이라는 제시어에 주목하도록 하자!

다른 사람과 구별되는 입사 의지 스토리텔링이 필요하겠다. 면밀한 기업 분석을 바탕으로 객실 서비스 수행함에 있어서의 자질 연관 혹은 객실승무원의 역량과 관련된 노력 여부를 명확하게 작성하도록 한다.

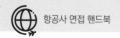

④ 여담 자기관리, 습관, 취향과 취미 등 1000자

 작성 tip ••

제시어 그대로 지원자 ○○○의 취미는 무엇이고 평소 자기관리는 어떻게 하고 있는지에 대하여 작성하는 것으로 항목 2, 3에서 미처 소개하지 못한 자신의 장점이나 특기를 드러내며 전체적인 스토리를 마무리하는 느낌으로 작성한다.

★ ••••

4. 진 에어

1 자기소개서 항목

① 진 에어 객실승무원 채용에 지원하게 된 동기를 서술해주세요 최대 300자

② 진 에어 객실승무원으로서 가져야 할 핵심역량 한 가지를 선택하고, 그 이유를 설명해주세요

　　최대 300자

③ 진 에어에서 귀하가 보유한 장점, 역량, 지식 등을 활용하여 어떻게 성장하고 싶은지 기술해

　　주세요 최대 300자

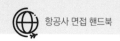

 5. 에어부산

1 자기소개서 항목

1 본인의 성장과정과 가치관을 바탕으로 당사에 지원한 동기를 서술하시오. 최소 300자, 최대 500자

2 지원한 직무에 필요하다고 생각하는 역량과 이를 갖추기 위하여 기울인 노력을 서술하시오.
최소 300자, 최대 500자

3 자신의 장단점과 입사 후 포부를 서술하시오. 최소 300자, 최대 500자

6. 티웨이항공

1 자기소개서 항목

1 본인이 가장 잘 드러날 수 있도록 간략하게 표현하여 주십시오. 100자

2 최근 3개월 내 개인적으로 가장 관심을 갖고 있는 것과 그 이유에 대하여 작성하여 주십시오.
항공업 관련 내용 제외500자

3 '더 멋진 변화의 시작'을 이끌어가기 위해 본인이 펼칠 수 있는 역량은 무엇이며, 변화와 도전을 시도했던 사례를 작성하여 주십시오.500자

4 최근 트렌드 중 티웨이항공과 연관이 있다고 생각하는 것에 대해 본인의 생각을 작성하여 주십시오500자

PART
04

국내 항공사 채용
전형 포인트

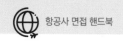

1. 대한항공

> ❗ **신입 객실승무원 전형절차**
>
> 서류전형 ➡ 1차 면접 ➡ 2차 면접·영어 구술 레스트 ➡ 3차 면접 ➡
> 건강검진·수영 레스트 ➡ 최종합격

1 1차 면접

　1차 면접은 온라인 PT 면접으로 실시된다. 면접에 방해가 되지 않는 조용한 장소에서 응시하면 되며 면접 복장은 대한항공의 객실승무원 유니폼을 연상시키는 복장이 아닌 자신에게 잘 맞는 스타일과 색상을 선택하여 단정하고 밝은 이미지를 전달할 수 있도록 하는 것이 좋다. 그러나 지나친 장식이나 색상은 지원자에게 집중하는 데 방해 요소가 있을 수 있으니 피하도록 한다. 마스크 착용 또한 본인 확인이 어렵기 때문에 착용하지 않도록 한다.

　면접 형식은 자기소개 및 지원동기 그리고 제시된 면접질문 Pool 중 한 가지를 선택하여 답변하며 주어지는 시간은 총 3분이다. 이 세 가지 질문에 대한 답변을 PDF 파일로 만들어 업로드 후 응시하도록 되어 있고 카메라 앞에서의 긴장도를 고려할 때 준비된 답변을 숙지 후 충분히 연습하도록 한다.

　영상면접에는 면접관과 직접 대면하지는 않기 때문에 카메라를 자연스럽게 응시하며 답변을 하는 것이 중요하다. 즉, 카메라가 면접관이라는 생각으로 대화하듯 편안하게 답변을 하는 것이 필요하며 무엇보다, 항공사 객실승무원으로서의 기본적 자세와 밝은 미소 등의 이미지와 태도가 전달되어야 하는 만큼 억지로 지어내는 미소와 암기를 풀어내는 듯한 혹은 웅변하는 듯한 부자연스러운 말투는 면접관에게 호감을 줄 수 없기 때문에 평소 밝은 표정으로 생활하여 자연스러운 미소와 자세가 몸에 배도록 습관을 들이는 노력이 중요하겠다. 또한 영상에서는 음성이미지의 좋고 나쁨이 더 뚜렷하게 전달되는 특성 상, 정확한 발음과 적당한 속도, 내용에 적합한 톤 조절 등에 특별히 신경 쓰며 연습해야 한다. 노트북이나 휴대폰 등을 통하여 반복적인 촬영으로 자신의 이미지 및 음성 요소를 점검할 것을 추천한다.

2 2차 면접 & 영어 구술 Test

면접 전 우선 신분증으로 본인 확인을 하고 출석 확인 및 암리치Arm Reach를 측정한다. 대기 후 영어면접을 실시하는데 영어면접은 면접관 1~2명과 지원자 한 명이 하는 개별면접이다. 질문은 한국어 면접 질문과 유사하여 영어 인터뷰연습을 따로 준비하기보다 한국어 면접 질문 답변 연습 시 영어로 병행 연습하기를 추천한다. 단, 한국말을 직역하여 옮기면 어색한 표현이 될 수 있으니 답변의 의미를 영어로 준비해본다. 답변할 때는 역시 단답형보다는 끝까지 성의 있는 답변이 중요하다. 한 예로 "How's feeling, today?"라는 물음에 'Good!'라는 단답식보다는 "I feel good, but a little nervous."라고 대답한다. 못 알아들으면 다시 한 번 질문을 하는 등 편한 분위기에서 진행되므로 심한 긴장을 할 필요는 없다. 그러나 자신을 소개하고 면접관의 질문에 동문서답을 하지 않으려면 적절한 의사소통이 가능한 수준을 유지해야 할 것이다. 그리고 영어와 한국어로 된 기내방송문을 읽게 된다. 발음과 끊어 읽기에 주의하면서 문장을 잘 전달하는 데 주력하여 자신 있게 읽도록 한다.

영어 구술 테스트를 마치면 2차 면접을 준비한다. 면접관은 3~4명과 지원자 5~6명으로 그룹면접으로 실시된다.

면접복장은 남자 지원자는 정장으로 여자 지원자는 반팔 상의와 스커트라고 안내를 받게 된다. 복장에 대한 색상은 규정되어 있지 않으니 자신의 이미지를 밝고 건강하게 표현할 수 있는 퍼스널컬러를 찾아 그에 맞는 복장 착용이 좋겠다.

3 3차 면접

3차 최종 면접에서는 대한항공 유니폼으로 환복 후 실시된다. 지원자의 기본적 인성과 서비스 마인드, 순발력, 등을 알아보기 위한 질문과 항공사 관련, 시사 질문도 있

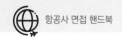

으므로 신문이나 뉴스를 보면서 사회적 이슈에 대해 관심을 두고 자기 생각을 정리해 보는 것이 좋겠다. 그리고 지원서를 기반으로 지원자의 개인적 특성 즉 유학, 어학연수, 봉사활동, 자격증 취득 등에 대해서도 구체적인 내용을 묻는 말이 주어지는 경우도 많다.

4 건강검진 및 수영 Test

최근 국내항공사의 체력검사는 국민체력100 체력인증센터에서 실시하여 급수가 명시된 체력측정 결과서인 '국민체력 100'인증서를 제출하는 것으로 바뀌는 추세이다. 국민체력100 인증단계는 1등급에서 3등급으로 각 인증기준 및 상세 사항은 국민체육진흥공단 사이트https://nfa.kspo.or.kr를 참고하기 바란다.

수영 테스트는 배영을 제외한 영법자유형, 평영, 접영으로 35초 이내 25m 완주 여부 테스트이며 수영복이나 래쉬가드 착용이 가능하다. 보통 일반 실내 수영장의 길이가 대부분 25m이므로 왕복이 가능한 연습을 한다면 어렵지 않게 테스트를 통과할 것이다. 그러나 중간에 멈춰 서거나 쉬게 되면 시간 안에 완주하기 어려워지므로 수영 실력이 좋지 않다면 체력관리를 위해서라도 꾸준히 연습하여 시험일에 당황하는 일이 없도록 한다.

신체검사는 항공사 객실승무원으로서의 수행능력이 가능한 건강을 검진하는 것으로 검사의 내용은 신장, 체중 측정과 청각, 시력교정&나안, 혈압, 심전도, 척추 측정. 혈액, 소변, 치아검사 흉부 엑스레이 검사 그리고 간단한 내과 검진 등을 통해 질환과 건강 여부를 분석하여 비행업무에 적합한지를 판정한다.

2. 제주항공

전형절차

서류전형 ➔ 역량검사 ➔ 1차 면접 ➔ 2차 면접 ➔ 신체검사 ➔ 최종합격

1 역량검사

AI 역량검사는 기본질문, 성향파악, 상황대처, 전략게임, 심층대화, 인성검사 등 6가지 항목으로 기본질문은 자기소개, 직무 지원 동기, 성격 장단점 등 말 그대로 지원자 파악을 위한 기본적 질문이 출제된다.

성향파악 부문은 갈등 상황 시 해결 방법 등 평소 지원자의 성향을 알아보는 것으로 기본적 인성검사 유형이라고 할 수 있다.

상황대처 또한 고객불만 상황 해결 등 상황대처로 인한 지원자의 성향을 파악하는 테스트로 당황하지 않고 주어진 상황을 끝까지 해결하려는 노력이 필요하다.

전략게임의 경우 순발력이나 기억력, 인지 능력을 가늠할 수 있는 '가위바위보, 도형 회전하기, 약속 정하기, 길 만들기, 마법약 만들기, 숫자 누르기, 도형 순서 기억하기, 고양이 술래잡기, 개수 비교하기' 등 9가지 게임으로 실시된다.

심층대화는 지원자의 경험을 통해 역량을 파악하는 유형으로 자신의 경험을 바탕으로 직무와 연계한 역량이 잘 드러나도록 답변한다.

마지막으로 인성검사는 두 가지 유형으로 실시되는데 첫 번째는 '매우 그렇다'에서 '전혀 그렇지 않다' 의 5점 척도를 통해 답변을 하는 것이고 두 번째는 주어진 지문에서 자신과 가장 가깝거나 먼 것을 선택하는 유형이다.

AI 역량검사 시 주의할 점은 솔직하고 일관성 있는 신속한 답변과 눈동자의 움직임이 너무 과하거나 불안하게 움직이지 않도록 안정된 시선을 유지하도록 하고 검사에 임하는 모습이 카메라를 통해 실시간으로 녹화되는 만큼 흥분하거나 짜증내는 등의

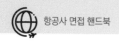

표정 변화나 태도를 보이지 않도록 주의한다. 그리고 한 시간 이상 소요되는 검사인만큼 네트워크가 끊어지는 일이 발생하지 않도록 안정적인 상태 유지와 주변 소음이나 방해 요소가 없는 조용한 공간에서 실시하도록 한다.

2 1차 면접

5~8명의 지원자로 실시하는 그룹면접으로 실시된다. 자기소개, 인생의 목표 등 자기소개서를 기반으로 하는 질문이 많으므로 작성 시부터 솔직하고 꼼꼼하게 스토리텔링이 될 수 있도록 준비하도록 한다. 정해진 면접 복장 및 헤어 규정은 없으므로 자신에게 어울리는 스타일을 찾아보도록 하자.

3 2차 면접

1차 면접과 같이 자기소개와 공통질문, 개별질문, 롤 플레이 등 다양한 질문유형과 답변에 대한 꼬리 질문이 이어진다. 주어진 질문에 단답형보다는 대화를 즐기려는 여유 있는 자세로 임하는 것이 좋겠다.

4 신체검사

제주항공 역시 체력검사는 국민체력100 체력인증센터에서 실시하여 급수가 명시된 체력측정 결과서인 '국민체력 100'인증서를 제출로 체력 검사를 대체하고 있다. 국민체력100 인증단계는 1등급에서 3등급으로 각 인증기준 및 상세 사항은 국민체육진흥공단 사이트https://nfa.kspo.or.kr를 참고하기 바란다.

신체검사는 항공사 측이 지정한 전문 기관에서 실시하며 신장, 체중, 시력 및 청력 측정과 색신, 혈압, 흉부 X-선, 치과 검사, 혈액검사, 소변 검사 등 일반 검진이다.

3. 진 에어

! 전형절차

서류 및 영상 전형 ⊙ 1차 면접 ⊙ 역량검사 ⊙ 2차 면접 ⊙ 건강검진 ⊙ 최종합격

진 에어의 신입객실승무원 채용 전형은 서류 접수 후 영상 면접이 순차적으로 진행된다. 영상 면접은 대한항공 영상면접과 동일한 방법으로 진행되며 제시되는 항목은 '자기소개', '진 에어 객실승무원 업무를 수행하는 신입으로서 가져야 할 바람직한 자세나 마음가짐에 대한 사항', '지원자가 생각하는 객실승무원의 핵심 역량 한 가지와 그 이유' 등 세 가지 주제 중 하나를 선택하여 2분 이내 발표하는 방식이다. 복장은 객실승무원 이미지 헤어 및 복장 등 과도한 모습이 아닌 단정하고 깔끔한 용모복장으로 참여하면 된다.

1차 면접은 토론 면접으로 실시되며 면접 시작 20분 전, 토론 주제와 그에 관한 찬성 및 반대 입장 여부가 적힌 종이를 받게 되고 주어진 주제에 대한 의견 준비 및 연습 시간이 주어진다. 토론은 15분~20분 정도 진행되며 토론이 끝난 뒤 공통질문이나 개별 질문이 주어지는 경우도 있다.

2차 면접 시 영어 인터뷰가 먼저 실시되며 모두 5~6명의 그룹면접이다.

토론 면접 tip

토론 면접은 지원자의 논리력, 소통 능력, 협동심, 그리고 문제 해결 능력 등을 평가하기 위한 형식이므로 토론에 임하는 태도가 중요하다.

기본적인 예의와 태도

• 경청: 다른 사람의 의견을 끝까지 듣고 끼어들지 않도록 주의한다. 경청하는 태도는 높은 평가를 받을 수 있는 중요한 요소이다.

- 적절한 발언: 상대방의 의견을 반박하더라도 예의를 갖추어 표현해야 한다.
  예를 들어, 상대의 의견에 "아니죠! 저는 그렇게 생각하지 않습니다."라는 표현보다 "그 의견도 일리는 있습니다만, 저는 조금 다르게 생각합니다"와 같은 표현을 사용하는 것이 좋다.
- 팀워크: 개인의 의견을 주장하기보다 팀의 목표나 최선의 결과를 위한 협력을 우선시 한다.

논리적이고 간결한 표현

- 핵심 전달: 긴 문장은 피하고, 주장을 간결하게 정리한다. '결론-근거-예시'처럼 두괄식 구조를 사용하면 효과적이다.
  〈예시〉 "이 문제에 대해 저는 반대 의견입니다. 사회적으로 A적인 문제가 발생하기 때문 입니다. B, C와 같은 부작용이 그 예입니다"
- 근거 제시: 본인의 주장을 뒷받침할 수 있는 논리적 근거나 사례를 제시하면 설득력이 높 아진다.

4. 에어부산

> **!** 전형절차
>
> 인재 POOL 등록 ➔ 서류전형 ➔ 1차 면접 ➔ 2차 면접 및 인성검사 ➔ 채용검진
> ➔ 최종합격

에어부산과 에어서울은 인재 POOL 방식으로 채용을 진행하고 있다. 인재 POOL 채용은 기업이 특정 채용 공고를 내지 않더라도 잠재적인 채용 후보자를 미리 확보해 두는 방식의 채용 프로세스를 의미한다. 이를 통해 기업은 필요한 시점에 적합한 인재를 신속하게 채용할 수 있고 지원자 입장에서는 우선적으로 연락을 받을 수 있다는 장점이 있다.

에어부산 채용 사이트 인재 POOL에 등록을 하면 항공사는 검토 후 면접 대상자에게 한하여 개별 연락을 한다.

(1) 1차 면접

1차 면접은 부산 에어부산 신사옥에서 실시되며 3명의 면접과 5~6명이 한 조가 되는 그룹면접이다. 공통질문과 자기소개서를 기반으로 개별질문이 주를 이룬다.

(2) 2차 면접

1차 면접과 마찬가지로 3명의 면접관과 7~8명의 지원자가 참여하는 그룹면접이다. 자기소개서를 포함한 지원서 위주의 질문으로 시행된다. 간혹 영어답변을 요구하는 질문이 나오는 때도 있어 상황에 따라 질문유형이 달라진다고 볼 수 있다.

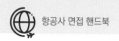

 # 5. 티웨이항공

❗ 전형절차

서류전형 ➔ 1차 면접 ➔ 2차 면접 ➔ 3차 면접 ➔ 신체검사 ➔ 최종합격

1차 면접 시 악력과 암 리치 측정을 한 후 면접에 임하게 된다. 티웨이항공은 세 차례의 대면 면접만으로 진행을 하는 만큼 지원자의 솔직하고 자연스러운 모습을 중요시한다. 까다로운 질문 유형은 드물며 자기소개서 기반 질문과 회사에 대한 관심을 추측할 수 있는 질문이 많으므로 사전에 꼼꼼하게 준비하도록 한다. 면접 용모복장은 지정된 것이 없는 자유 스타일이지만 서비스 직무임을 반영하여 밝고 깔끔한 이미지를 위한 헤어 및 메이크업 그리고 자신의 체형을 보완해줄 수 있는 복장을 갖추는 것이 좋다. 남자 지원자의 경우는 캐주얼 정장을 권한다. 만약 와이셔츠를 착용한다면 넥타이를 매는 것이 좋다.

PART
05

국내 항공사
면접 기출 100

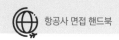

국내 항공사 면접에서 면접관의 질문은 해당 항공사 관련 질문을 제외하고는 항공사마다 크게 상이하지 않은 편이다. 특히 개인성향에 관련된 질문은 국내 어느 항공사나 비슷한 질문으로 주어지며 간혹 지원자의 센스나 상황대처를 알 수 있는 질문이 있기도 하다. 따라서 항공사 면접에서 자주 등장하는 질문을 기반으로 조리 있고 명료하게 말하는 연습이 필요하다. 그리고 지원자의 답변 내용에 따라 면접관이 궁금한 사항을 다시 묻게 되는 경우도 있는데 이럴 때 당황하여 '답변을 준비하지 못했다' 혹은 '다음 기회에는 꼭 준비하겠다'는 식의 답변은 소통능력이 부족하고 스스로가 탈락자가 될 것임을 인정하는 소극적 자세로 보일 수 있을 것이다. 따라서 기출질문으로 답변 연습을 할 때에는 그 내용 중 좀 더 세심히 설명 할 필요가 있어 보이거나 자신이 면접관이라면 궁금해질 거 같은 부분을 찾아 꼬리질문으로 만들어 꼬리질문에 대한 답변을 다시 해보는 연습을 추천한다.

 1. 빈도수 높은 질문 TOP 20

① 간단한, 한 문장 **자기소개 해보세요.**

답변

꼬리질문

답변

2 왜 우리 항공사에 지원하셨나요? 지원동기

답변

꼬리질문

답변

3 자신의 전공과 승무원 업무의 연관성이 있다면 무엇입니까? 전공소개

4 자신의 성격 장단점은 무엇인가요?

5 자신만의 스트레스 해소법이 있다면 무엇입니까?

6 아르바이트 경험에 대하여 말씀해주세요.

7 평소 건강관리/ 체력관리는 어떻게 하십니까?

8 10년 뒤 자신의 모습은 어떠한가요?

9 가장 중요한 승무원의 자질역량은 무엇이라고 생각합니까?

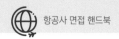

⑩ 자신의 성격 중 어떤 점이 승무원과 맞는다고 생각합니까?

⑪ 지금까지 살면서 가장 행복했던/보람되었던 때는 언제입니까?

⑫ 지금까지 살면서 가장 힘들었을/ 좌절했을 때는 언제입니까?

⑬ 인생의 멘토가 있다면 누구입니까?

⑭ 대학 시절 중 가장 기억에 남는 일은 무엇입니까?

⑮ 로또Lotto에 당첨되면 무엇을 하고 싶습니까?

⑯ 최근에 감명 깊게 본 영화나 책이 있다면 무엇입니까?

⑰ 승무원이 되었는데 자신의 적성과 맞지 않는다면 어떻게 하겠습니까?

⑱ 직업을 선택할 때 중요하게 생각하는 게 있다면 무엇입니까?

⑲ 본인이 면접관이면 어떤 사람을 합격시키고 싶습니까?

⑳ 우리 항공사가 당신을 뽑아야 하는 이유는 무엇입니까?

2. 개인성향 질문

① 자신의 성격을 꽃/동물/도형/색깔로 비유하여 소개해보세요.

② 좋아하는 음식운동, 연예인, 색깔, 음악장르 등 은 무엇입니까?

③ 다른 사람들은 자신의 첫인상이 어떻다고 하나요?

④ 지금까지 살면서 가장 잘한 일이 있다면 무엇인가요?

⑤ 취미, 특기는 무엇입니까?

⑥ 다른 사람들은 자신을 어떤 사람이라고 평가합니까?

⑦ 자신의 삶에 가장 큰 영향을 끼친 사람은 누구입니까?

⑧ 자신의 전공과 승무원 업무의 연관성이 있다면 무엇입니까?

⑨ 대학 시절 동아리 활동을 소개해보세요.

⑩ 봉사활동 경험을 소개해보세요.

⑪ 자신의 강점은 무엇입니까?

⑫ 삶의 목표가 있다면 무엇인가요?

⑬ 자기 계발을 위하여 하는 것이 있습니까?

⑭ 존경하는 사람이 있다면 누구입니까?

⑮ 지금까지 가장 기억에 남는 여행지가 있다면 어디인가요?

⑯ 대학 시절 동안 가장 아쉬웠던 것이 있다면 무엇입니까?

⑰ 최근에 가장 슬펐던 일과 기뻤던 일이 있다면 무엇입니까?

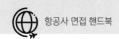

⑱ 지금까지 살면서 성취 경험이 있다면 무엇입니까?

⑲ 자신이 좋아하는 것과 잘하는 것 중 어느 것을 선택하고 싶고 그 이유는 무엇인가요?

⑳ 여유시간 주말, 휴일에는 주로 무엇을 합니까?

㉑ 옆에 있는 지원자를 칭찬해 보세요. /옆에 있는 지원자의 첫인상은 어떠했습니까?

㉒ 누군가에게 위로의 말을 건넸던 경험이 있다면 무슨 내용이었나요?

㉓ 최근에 다녀온 여행지 중 기억에 남는 곳이 있다면 어디인가요?

㉔ 만약 1000만 원이 있다면 어디에 쓰고 싶습니까?

㉕ 자신이 요즘 가장 관심을 두고 있는 것은 무엇입니까?

㉖ 외국인에게 추천하고 싶은 명소나 맛 집이 있다면 어디일까요?

㉗ 친구들에게 가장 많이 듣는 말이 있다면 무엇이고 그 이유는 무엇인가요?

㉘ 최근에 자신이 한 일 중에 칭찬받을 만한 일이 있었다면 무엇일까요?

㉙ 최근에 친구랑 다툰 경험이 있는지, 있다면 무슨 일로 다투었나요?

㉚ 살면서 자신에게 가장 중요한 것 두 가지를 들어 보세요.

㉛ 40대 이전에 반드시 하고 싶은 일이 있다면 무엇일까요?

㉜ 대인관계에서 가장 중요한 것은 무엇이라고 생각합니까?

㉝ 자신은 리더형 인가요 팔로우형 인가요?

㉞ 자신이 직장상사라면 어떤 스타일의 상사 일 거 같나요?

㉟ 직장상사가 부당한 대우를 한다면 어떻게 하겠습니까?

㊱ 자신이 생각하는 좋은 동료란 어떤 사람인가요?

㊲ 다른 사람에게 힘이 되어준 경험이 있나요?

38 자신이 면접관이라면 어떤 질문을 하고 싶으신가요?

39 자신이 젊은 꼰대라고 느껴진 경험이 있다면 언제인가요?

40 우리 항공사 취항지 중 가보고 싶은 곳이 어디인가요?

41 승무원이 아닌 다른 하고 싶은 일이 있다면 무엇입니까?

42 자신이 돈을 벌어야 하는 이유가 있다면 무엇입니까?

43 받고 싶은 질문이 있다면 무엇이고 거기에 대한 답변을 해보세요.

44 첫 월급을 받으면 가장 먼저 하고 싶은 일이 무엇인가요?

45 만약 합격한다면 합격 후 가장 먼저 하고 싶은 일이 무엇인가요?

46 우리 항공사 취항지 중 부모님과 함께 여행 가기 좋은 곳은 어디일까요?

47 최근 사회적 이슈 중 가장 관심거리는 무엇인가요?

48 사람들과 친해질 수 있는 자신만의 노하우가 있나요?

49 팀워크에서 가장 중요한 점이 무엇이라고 생각하나요?

50 마지막으로 하고 싶은 말이 있다면 무엇인가요?

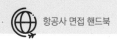

3. 항공사 및 직무 관련 질문

① 우리 항공사 서비스에 대해 아는 대로 이야기해보세요.

② 우리 항공사의 이미지는 어떠한가요?

③ 우리 항공사 광고 중 기억에 남는 것 한 가지가 있다면 무엇인가요?

④ 우리 항공사와 관련한 유튜브 영상을 본 것이 있다면 무엇입니까?

⑤ 우리 항공사 신규 취항지 아는 대로 말씀해보세요.

⑥ 우리 항공사 최근 소식 아는 대로 말씀해보세요.

⑦ 우리 항공사의 서비스 개선점이 있다면 무엇이며 어떻게 개선해야 한다고 생각합니까?

⑧ 어린이 승객을 위한 서비스 추천해주세요.

⑨ 20대 여성 고객을 위해 특별히 신경 쓸 서비스가 있다면 무엇일까요?

⑩ 인공지능 AI 로봇이 기내서비스를 한다면 장단점이 무엇이라고 생각하나요?

⑪ 본인이 생각하는 좋은 서비스란 무엇인가요?

⑫ 서비스와 안전 중 무엇이 더 중요한가요?

⑬ 승무원이 되기 위한 자신의 강점은 무엇이라고 생각하나요?

⑭ 승무원이 되기에 부족한 자신의 단점은 무엇이라고 생각하나요?

⑮ 승무원 직업의 장단점이 무엇이라고 생각하나요?

⑯ 승무원이 되기 위해 준비하면서 가장 힘든 일이 무엇입니까?

⑰ 승무원이 되면 제일 먼저 하고 싶은 일이 무엇인가요?

⑱ 최근에 받은 서비스 중 기억에 남는 최고의 서비스가 있다면 소개해보세요.

⑲ 객실승무원이란 직업에 편견이 있다면 무엇일까요?

⑳ 우리 항공사 기내 이벤트에 대해 아는 대로 말해보세요.

㉑ 자신이 면접관이라면 어떤 사람을 우리 항공사 객실승무원으로 적합하다고 보나요?

㉒ 인성이 좋은 사람과 능력이 좋은 사람 중 어떤 사람을 선택하시겠어요?

㉓ 가장 기억에 남는 컴플레인이 있다면 무엇인가요? 서비스직 근무자

㉔ 기내에서 승객이 자리를 바꿔달라고하면 어떻게 할건가요?

㉕ 기내에서 화장실 사용이 불가능해지면 어떻게 대처하실건가요?

㉖ 기내에서 앞 승객이 의자를 젖혀 불편하다고 컴플레인 하면 어떻게 대처할건가요?

㉗ 우리 항공사에 제안하고 싶은 기내서비스나 이벤트가 있다면?

㉘ 우리 항공사가 저비용항공사와 다르게 추구해야 할 차별화전략이 있다면?

㉙ 자신에게 응대하기 어려운 고객이 있다면 어떤 유형인가요?

㉚ 저출산에 대하여 어떻게 생각하는지, 그 해결 방안이 있다면 무엇일까요?

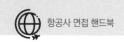

4. 일반직(여객부문) 기출

　　국내 항공사들의 직무 별 신입 채용 분야는 규모 순으로 객실승무직, 운항승무직, 항공정비직, 일반직 등으로 크게 분류된다. 일반직이라 함은 경영, 인사, 재무, 홍보, 행정 등의 사무직과 영업, 판매, 운송 등의 서비스직을 말한다.

　　대형 항공사들은 일반직으로 신입직원을 채용하면 기본 소양교육과 직무훈련을 거쳐 대부분 서비스직 부서에 배치하여 일선 서비스 현장을 배우고 체험하도록 하는데, 일정 기간 경과 후 각 개인의 전공과 역량을 고려하여 부서를 재배치하는 인사관리시스템을 운용한다.

　　저비용항공사들은 서비스직무를 일반직무와 분리하여 여객운송과 화물운송, 또는 기내식 관리나 스케줄 관리직 등을 처음부터 세분하여 직원을 채용하는 경향이 있으며, 이 때 신입채용이라도 경력을 우대하여 뽑는 경우가 흔하다.

　　항공사로부터 공항에서의 항공운송과 항공예약 및 항공권 판매 업무 등을 위탁받아 수행하는 항공지상지원 서비스 전문회사(지상조업회사, 콜 센터, GSA 등)들의 채용 직무는 대부분 공항운송 또는 예약과 항공권 발권 및 판매 부문에 집중된다.

　　일반직 채용 면접에서는 입사 후 맡게 되는 직무와 상관없이 지원자가 일반적인 경제 상식과 항공 산업에 대한 관심도를 얼마나 지니고 있는지, 또 서비스와 고객에 대한 지원자의 인식이 어떠한지가 면접질문의 주 내용을 이룬다. 회사는 항공서비스에 관한 지식과 기술은 입사 후 신입직원 교육훈련 과정에서 가르칠 수 있다고 여기기에 채용 면접에서는 지원 동기와 입사 의지, 직무 적합성과 같은 지원자의 인성과 적성, 잠재 역량을 확인하려는 질문에 더 큰 비중을 둔다.

　　다음은 항공 일반직 채용에서 흔히 제시되는 질문들이다. 대부분 지원자의 생각이나 의견을 묻는 것들이지만, 질문이 '예' 또는 '아니오'의 답을 요구하는 형태라도 가급적 단답형 답을 지양하고 질문의 주제와 배경, 주위 상황을 잘 판단하여 자신의 지원 의지와 역량을 드러내는 대답을 할 수 있도록 연습한다.

1 경제일반 및 항공 산업에 관한 질문

❶ 우리나라에 국제공항이 어디에 몇 개가 있는지 아십니까?

❷ 환율이 변화하면 항공 산업이나 항공사 수지에 어떤 영향이 있습니까?

❸ 홍보나 광고 부서를 희망하였는데 다른 쪽으로, 예를 들어 화물영업으로 배치된다면 어떨 것 같습니까?

❹ 지금 자신이 우리 회사 경영자라면 제일 먼저 무엇을 하겠습니까?

❺ 당신이 책임자라면 우리 회사 비용절감을 위해 어떻게 하겠습니까?

❻ 우리 회사가 경쟁회사와 비교하여 잘하는 것과 그렇지 않은 것은 무엇이라고 생각합니까?

❼ 우리 회사만의 차별화된 상품이나 서비스를 꼽는다면?

❽ 우리 회사의 서비스 상품 중에 없앨 것이 있다면 무엇입니까?

❾ 우리 회사가 올해 신규 취항한 곳을 아는 대로 말해보세요.

❿ 왜 하필 경쟁사가 아니고 우리 회사에 들어오려고 합니까?

⓫ ○○사(지원한 회사) 하면 떠오르는 이미지나 단어가 있다면 무엇입니까? 혹은 우리 회사(이미지)를 한 문장이나 단어로 정의 해보세요?

⓬ 우리 회사가 전략적으로 제휴[20]할 항공사 또는 제외할 항공사를 선정한다면 어떤 회사를 택하겠습니까?

⓭ 우리 회사가 처음 지원한 회사인가요?

⓮ 우리 회사가 향후 5년 동안 어떻게 성장 할 것이라고 생각합니까?

⓯ 우리 회사의 광고 중에 기억에 남는 카피가 있습니까?

---

20. 전략적 제휴. 항공사들의 제휴에는 다양한 형태가 있으나 여기서는 제휴그룹(Alliance) 항공동맹체를 말한다. 우리나라는 대한항공이 SkyTeam에, 아시아나가 Star Alliance에 가입되어 있다. 동맹체에 가입된 주요 항공사들 정보는 알고 있어야 대답 할 수 있는 질문이다.

⑯ 우리 회사의 사업영역에 대해 아시는 대로 말해보세요.

⑰ 우리 회사의 핵심 자원이 무엇이라고 생각합니까?

⑱ 우리 회사의 홈페이지·SNS 사이트를 어떻게 생각 합니까?

⑲ 정확히 어떤 직무에서 일하고 싶습니까??

⑳ 기업가 정신이란 무엇이라 생각합니까? 본인이 실제 겪었던 사례가 있습니까?

2 고객서비스 마인드에 관한 질문

❶ 버스에서 경로석에 앉아 있는데 한 할아버지가 다짜고짜 야단을 치며 자리를 비키라고 한다면 어떻게 하겠습니까?

❷ 우리 회사의 서비스에서 고쳐야하거나 개선이 필요한 점은 무엇이라고 생각합니까?

❸ 전공이 지원한 직무와 어울리지 않는 것 같은데 왜 서비스 직무에 지원했나요? 혹은 특기가 한국 무용이라고 되어있는데 희망직무와 연관성이 없는 것 같군요?

❹ 본인이 직접 겪은 최고의_{또는 최악의} 서비스에 대해 말씀해 주시겠습니까?

❺ 본인에게 고객이란 무엇을 의미합니까?

❻ 서비스란 무엇인지 말씀해보세요.

❼ 승객이 탑승수속 마감시감을 지나서 나타나서 아직 시간 여유가 있고 자신이 서두를 테니 탑승수속을 해달라고 요구합니다. 어떻게 대처하시겠습니까?

❽ 항공 서비스에서 가장 중요하다고 생각하는 요소가 무엇이라고 생각하시나요?

❾ 공항에서 근무하기를 원하는데 공항근무자로서 가장 중요한 덕목이 있다면?

❿ 카페에서 아르바이트를 오래 하셨는데 좋은 경험이 되었다고 생각하시나요?

⑪ 스트레스가 가장 심했던 시기나 경험을 설명해 보세요.

⑫ 가장 후회스러웠던 일이나 사건이 있습니까?

⑬ 취미가 여행이군요. 특별히 좋아하는 여행타입이나 종류가 있습니까?

⑭ 지금 기분이 어떻습니까?

⑮ 일상생활에서 언제 가장 행복하다고 느끼시나요?

⑯ 인생의 가치관이나 직업관이 있다면 설명해 주세요.

⑰ 갈등 상황을 협상이나 설득으로 해결한 경험이 있습니까?

⑱ 지원서를 보면 도전과 모험을 즐기고 진취적 성향이 강하다고 했는데 지원한 직무와 무슨 연관성이 있나요?

⑲ 혼자 일을 하는 것과 여러 명이 같이 하는 것 중 어느 쪽을 선호합니까?

⑳ 자신의 장점단점 세 개를 든다면?

3 지원 동기 및 개인 역량에 관한 질문

❶ 본인이 바쁘고 시간여유가 없다고 느낄 때는 언제입니까? 또 그럴 때 어떻게 합니까?

❷ 대학에 들어온 다음 실패한 경험이 있습니까?

❸ 본인이 입사 후 포부를 말해보세요. 혹은 인생의 장기적 계획이 무엇입니까?

❹ 이번 주말에 결혼식을 올릴 예정인데 갑자기 급하게 출장을 가야합니다. 어떻게 하시겠습니까?

❺ 자신을 색깔식물, 동물, 스포츠종목, 영화와 문학 장르 등에 비유한다면?

❻ 대학 때 동아리 활동을 하신 적이 있나요?

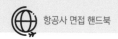

⑦ 이력서를 보니까 1년간 휴학을 했는데 무슨 일이 있었습니까?

⑧ 대학을 두 군데를 다녔네요. 전공을 바꿔 편입한 특별한 이유가 있습니까?

⑨ 지금 자신의 원하는 삶_{인생}을 살고 있다고 생각합니까?

⑩ CRS 자격증을 가지고 있네요. PNR이란 무엇인지 설명해보세요.

⑪ 오늘 면접이 끝나면 기다리는 사람이 있습니까?[21]

⑫ 조깅이 취미인데 매일 하시나요?

⑬ 상사가 단순하고 반복적인 일만을 계속 시킨다면 어떻게 하겠습니까?

⑭ 자기소개서를 보니까 문제해결능력이 뛰어나다고 하였는데 구체적 예를 들어주세요.

⑮ 자신이 발전하고 성장하게 되었다고 느낀 계기나 사건이 있습니까?

⑯ 자신이 실패하였거나 좌절한 경험이 있다면 얘기해보세요.

⑰ 해외에서 생활하신 기간이 꽤 되네요. 미국_{중국, 호주} 등에서 공부하는_{사는} 것은 어떻게 다른가요?

⑱ 우리 회사에 두 번째 지원하신 걸로 나오네요. 지난번에 합격하지 못한 이유가 무엇이라고 생각합니까?

⑲ 어떤 조직이나 팀 프로젝트 등에서 리더십을 발휘한 적이 있습니까?

⑳ 졸업학점을 보니까 입사지원 커트라인을 겨우 넘긴 수준인데 공부를 게을리 하셨나요?

---

21. 혼자 왔거나 누구랑 함께 온 것이 궁금해서가 아니다. 이런 질문은 지원자의 평소 생활에서 의사소통 태도를 확인하는 질문이다. 솔직하게 답하고 그 이유 또는 면접 이후의 활동에 대해 말한다.

PART
06

국내 항공사 현황

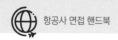

1. 대한항공 (Korean Air)

1 대한항공 주요 연혁

1945년 한진 상사에서부터 시작한 한진그룹 창립

1969년 당시 국가에서 운영하던 대한항공공사를 인수하며 대한항공 출범

1972년 서울과 미국 로스앤젤리스 간 최초 여객기 운항

1979년 뉴욕 직항 취항

1984년 고니마크에서 태극마크로 심벌마크 변경

1994년 중국과 항공협정으로 전 세계 노선망 구축

1995년 B747-400 항공기 도입으로 항공기 100대 돌파

2000년 세계적인 항공 동맹체 Sky Team 창설

2004년 사막화 방지 위한 몽골 '대한항공 숲' 조성 활동 시작

2004년 창립 35주년, '세계 항공업계를 선도하는 글로벌 항공사' 선포

2004년~2009년 6년 연속 화물사업 1위

2006년 기내 엔터테인먼트 프로그램 가이드 Beyond 창간

2007년 UN 글로벌 콤팩트 가입, 환경·인권·노동기준·반부패 원칙 지지

2008년 프랑스 루브르박물관 한국어 안내 서비스

2009년 세계 3대 박물관 한국어 해설 서비스 제공

2011년 A380-800 도입

2012년 친환경 화물기 B747-8F, B777F 도입

2018년 인천국제공항 제2여객터미널 개장

2018년 델타항공과 태평양 노선 조인트벤처 시행

2019년 제75차 IATA 연차총회 개최

2 대한항공 수상내역

2024년

- 한국생산성본부 주관 '2024년 국가고객만족도(NCSI·National Customer Satisfaction Index) 인증식', 대형항공사(FSC) 부문 2023년~2024년 연속 1위에 선정
- 한국표준협회 주관 '2024년 한국서비스품질지수(KS-SQI·Korean Standard-Service Quality Index) 인증 수여식', 항공사 부문 2022년~2024년 연속 1위에 선정
- USA투데이(USA Today) 주관 '2024년 10베스트 리더스 초이스 어워즈(10Best Reader's Choice Awards)', 2023년~2024년 연속 비즈니스·일등석 부문(Best Business & First Class) 1위, 기내식 부문(Best Inflight Food) 2위, 객실승무원 부문(Best Cabin Crew) 4위 선정
- 대한항공 기내지 '모닝캄(Morning Calm)'이 '2024 월드 트래블 어워즈(World Travel Awards·WTA)'에서 '아시아 최고 기내잡지(Asia's Leading Inflight Magazine)' 상 수상
- 몽골 정부로부터 오흐나 후렐수흐(U.Khurelsukh) 몽골 대통령 명의의 '우정의 메달'을 받음. '우정의 메달'은 몽골 및 해당 국가 간 우호관계 증진에 공헌한 해외 인사에게 수여하는 몽골 대통령 명의의 훈장이다.
- 세계적인 여행전문지 '글로벌 트래블러(Global Traveler)' 주관, '2024 레저 앤 라이프스타일 트래블 어워즈(Leisure and Lifestyle Travel Awards)'에서 일등석 기내식 메뉴 (Airline Onboard Menu) 부문 최고상 수상

3 심벌마크

대한항공 마크는 국적기로서의 이미지를 강렬하게 부각시키기 위해 태극 문양을 응용하여 적색과 청색을 조화시킴으로써 역동적인 힘을 표현하도록 했다. 적색과 청색 사이의 흰색은 프로펠러의 회전 이미지를 형상화한 것으로 강력한 추진력과 무한한 창공에 도전하는 대한항공의 의지를 형상화했다.

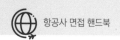

4 비전VISION

세계 항공업계를 선도하는 글로벌 항공사

5 기타 정보를 알아봅시다.

보유기종(최신도입 기종)		

보유기종 대 수		
여객기	화물기	총

취항노선		
국내	국외	총

가입 항공 동맹체	
회원항공사	
인재상	

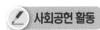 사회공헌 활동

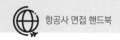

🎙 2. 제주항공(Jeju Air)

2005년에 애경그룹과 제주특별자치도의 공동출자로 설립된 제주항공은 국내 3위 규모의 저비용 항공사이며 아시아 저비용 항공사 동맹체인 밸류 얼라이언스Value alliance 의 창립 멤버이다. '더 넓은 하늘을 향한 도전으로 더 많은 사람들과 행복한 여행의 경험을 나눈다'라는 미션Mission으로 항공기 꼬리 날개는 제주를 상징하는 돌, 바람, 제주도 섬을 형상화한 디자인이다.

1 주요 수상 내역

```
2024년

• KMAC 선정 2024년 한국산업의 고객만족도 저비용항공 부문 1위

• 소비자중심경영 인증 기업 (2024~2026)

• 국가서비스대상 저비용항공(LCC) 부문 2년 연속 1위

• 한국 산업 브랜드 파워(K-BPI) 저비용항공(LCC)부문 10년 연속 1위

• 대한민국 친환경상품 '그린스타' 저비용항공 부문 6년 연속 1위
```

```
2023년

• 국가고객만족도(NCSI) 저비용항공 부문 2년 연속 1위

• 제 25회 대한민국 브랜드 대상 산업통상자원부장관상 수상

• 대한민국 디지털 광고 대상 통합마케팅 부문 금상
```

2 기타 정보를 알아봅시다.

보유기종(최신도입 기종)

보유기종 대 수		
여객기	화물기	총

취항노선		
국내	국외	총

가입 항공 동맹체	
회원항공사	
인재상	

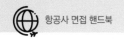

3. 진 에어(Jin Air)

2008년 대한항공이 출자한 저비용 항공사이다. 국내 항공사 유일의 청바지를 공식 유니폼으로 지정하였고 2019년에는 스커트 도입 등 유니폼에 다소 변화를 주었다.

'즐거운 여행의 시작과 끝, 더 나은 여행을 위한 가장 스마트한 선택'이라는 비전Vision으로 하며 자유롭게 날아다니는 나비의 형상에 비행기를 결합하여 새롭고 이국적인 곳을 향해 떠나는 여행자의 특성을 상징하는 나비를 심벌마크로 하고 있다.

1 주요 연혁

2024년
02. IOSA(국제항공안전인증) 무결점 재인증 (연속 9회)
05. 국제선(인천-미야코지마/시모지시마) 노선 취항
국제선(무안-울란바토르) 노선 취항
국내선(무안-제주) 노선 취항
07. 국제선(인천-다카마쓰) 노선 취항
국제선(인천-보흘) 노선 취항
09. 국제선(부산-나고야) 노선 취항
국제선(청주-정저우) 노선 취항
10. LCC 최초 규범준수경영시스템 (ISO 37301) 획득

2023년
01. LCC 최초 소비자중심경영(CCM)인증
07. 국제선(부산-나트랑) 노선 취항 / 인천국제공항 제2여객터미널로 이전
09. 국제선(인천-나고야) 노선 취항
10. 국제선(부산-나리타) 노선 취항 / 한국 ESG기준원(KCSG)평가 통합 'A' 등급 획득
12. 국제선(인천-푸꾸옥) 노선 취항 / 국제선(부산-타이페이) 노선 취항

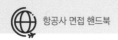

2 기타 정보를 알아봅시다.

보유기종(최신도입 기종)		

보유기종 대 수		
여객기	화물기	총

취항노선		
국내	국외	총

가입 항공 동맹체	
회원항공사	
인재상	

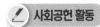 사회공헌 활동

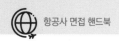

 # 4. 에어부산(Air Busan)

금호아시아나 그룹의 소속으로 아시아나항공과 부산광역시가 출자하여 설립한 저비용 항공사로 본사는 부산광역시 강서구에 위치한다. '업계 최고 1등의 기업 가치를 창출 하는 아름다운 기업'을 비전Vision으로 하며 부산의 바다, 갈매기, 하늘 세 가지를 조합하여 하나의 이미지로써 바다의 물결과 하나 되어 힘차게 날갯짓하는 역동적인 갈매기 모습을 심볼로 하고 있다.

1 주요 연혁

2024년

01. '안전 운항 우수 성과' 국토교통부 표창

03. 에어부산 공식 유튜브 채널 구독자수 10만 명 돌파

05. 국토교통부 '2023년 항공운송서비스 평가' 전 부문 '매우 우수' 등급 (국내항공사 유일)

11. 2024 KS-SQI(한국서비스품질지수) LCC 부문 8년 연속 1위

2023년

01. 부산-클락 취항

03. 부산-미야자키 부정기편 운항

04. 국토교통부 '항공사별 안전수준 평가' 최상위 평가

11. 2023 KS-SQI(한국서비스품질지수) LCC 부문 7년 연속 1위

---

2 기타 정보를 알아봅시다.

보유기종(최신도입 기종)

보유기종 대 수		
여객기	화물기	총

취항노선		
국내	국외	총

가입 항공 동맹체	
회원항공사	
인재상	

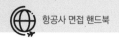

✎ 사회공헌 활동

5. 티웨이항공(t'way Air)

2010년에 설립한 저비용 항공사이다.

티웨이의 핵심 가치5S인 승객의 안전은 티웨이 항공의 최우선 가치Safety, 합리적인 운임과 실용적인 서비스Smart, 고객 만족 경영Satisfaction, 공유가치창출Sharing, 지속가능경영 Sustainability 등을 경영이념으로 하고 있다.

모두 소문자로 구성된 메인 로고 t'way는 기성세대의 틀을 깨고 세련되고 합리적인 태도로 고품격 항공서비스를 제공한다는 의미를 내포하고 있다.

1 주요 연혁

t'way

2024년

08. 인천-로마 국제선 취항 / 인천-파리 국제선 취항

05. 인천-자그레브 국제선 취항 (LCC 최초 유럽 취항)

　　 A330-200 1호기 도입

2023년

09. 글로벌고객만족도조사(GCSI) LCC부문 9년 연속 1위

06. 인천-코타키나발루 국제선 취항/ 인천-비슈케크 국제선 취항

04. 인천-돈므앙, 청주-돈므앙 국제선 취항

02. 국내 항공사 최초 구독형 멤버쉽 "티웨이플러스" 출시

01. 청주-다낭 국제선 취항

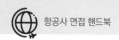

2022년

12. 인천-시드니 국제선 취항/하늘을 나는 피카츄 프로젝트 런칭
    B737-8 1호기 도입
08. 글로벌고객만족도 조사 LCC부문 1위 (글로벌경영협회)
07. 인천-울란바토르 국제선 취항
05. 인천-싱가포르 국제선 취항
02. A330-300 1호기 도입

2 기타 정보를 알아봅시다.

보유기종(최신도입 기종)

보유기종 대 수		
여객기	화물기	총

취항노선		
국내	국외	총

가입 항공 동맹체	
회원항공사	
인재상	

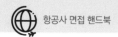
✎ 사회공헌 활동

참고자료와 도서

대한항공 홈페이지
아시아나항공 홈페이지
제주항공 홈페이지
진 에어 홈페이지
에어부산 홈페이지
티웨이 항공 홈페이지
www.recruit.koreanair.co.kr
www.recruit.flyasiana.com
www.recruit.jejuair.net
www.recruit.twayair.com
www.ko.wikipedia.org

「실전면접노트」 윤원호. 한올. 2018
「한끝 면접」 박수미. 한올. 2018

저자 소개

박 수 미

동명대학교 대학원 관광학 박사
전) 대한항공 객실승무원
　　ANC 승무원학원 부산점 부원장
현) 부산여자대학교 부교수

윤 원 호

전) 한양여자대학교 항공관광과 겸임교수
　　㈜에어코리아 대표이사
현) 부산여자대학 항공서비스학과 교수
저서) 「실전면접노트」 「공항운영과 항공보안」
　　　「항공서비스직무 중심의 진로탐구」 「공항Job說」 외.

항공사 면접 핸드북

초판 1쇄 발행 2021년 7월 20일
2판 1쇄 발행 2025년 2월 15일

저　　　자　박수미·윤원호
펴　낸　이　임순재
펴　낸　곳　(주)한올출판사
등　　　록　제11-403호
주　　　소　서울시 마포구 모래내로 83(성산동, 한올빌딩 3층)
전　　　화　(02)376-4298(대표)
팩　　　스　(02)302-8073
홈 페 이 지　www.hanol.co.kr
e - 메 일　hanol@hanol.co.kr
I S B N　979-11-6647-528-3

항공사 면접
핸드북